創世傳卷一

第一章

一節 元始上帝原造天地、[illegible]
水之面也。三節 上帝曰、光[illegible]
遂分光隔暗焉。五節 上帝[illegible]
上帝遂曰、水中間必[illegible]
穹蒼下之水、分穹蒼[illegible]
夕則接旦、爲第二日[illegible]
旱地、而有如此。地[illegible]
帝觀之乃善焉。上帝曰、地可萌草與菜穀種子者並[illegible]樹

結菓者、內包木仁子、各照其類矣、而有如此也。地則出草與菜、

澳大利亞藏太平天國原刻官書叢刊

下

澳大利亞國家圖書館 編

國家圖書館出版社

下册目録

原抄佈告

天父上帝言題皇詔

太平天國癸好三年（一八五三）刻本

太上宝筏图说

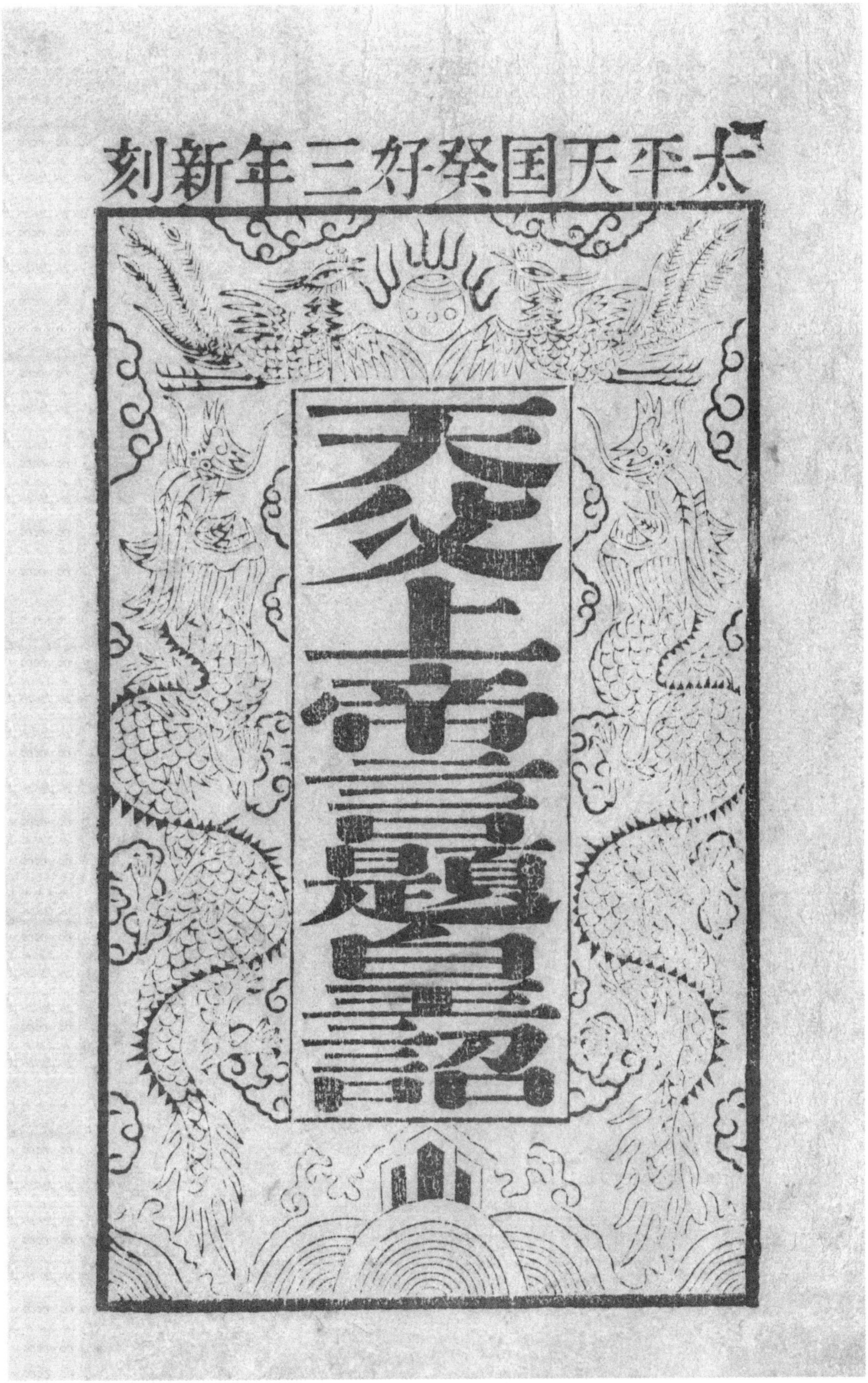

旨准頒行詔書總目

太平條規

頒行詔書

頒行曆書

三字經

幼學詩

旨准頒行共有十四部

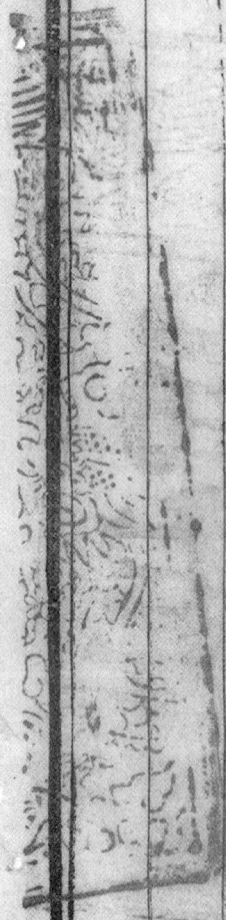

十全大吉詩

其一

三星共照日出天
禾王作主救人善
爾們認得禾救飢
乃念日頭好上天

其二

八字脚下一二三
一道不出在中间
王清不好起歪心
全敬上帝不愁难

其三

清朝燈草就日頭
照明天下不用愁
貴人也要三星照
昇天享福正修悠

其四

且說金爐是名頭
日月照明不用愁
燈草開來對日洪
信實天父自悠悠

其五

功名頂頭借金引
不拘大小再眞心
戒淨邪花酒多少
得福公子貴如金

其六

琵琶鼓樂簫來和
金玉堂中快樂多
正人上天眞享福
勝起高樓頂上坐

其七

朝中公子勝公郎
出在深山金玉堂
富貴功名天分定
燈草對緊日頭上

其八

笛子出在玉堂中
扇子不拔自有風
山頭白雲風吹散
眞心敬天不愁窮

其九

黃金財寶是名頭
爲人修善不用愁
正人自有昇天日
天堂享福萬千秋

其十

題名頭頂半金黃
為人負心總不妨
且看江水何處去
盡歸一統轉天堂

天朝田畝制度(重刻本)

太平天國癸好三年(一八五三)刻本

太平天国癸好三年新鐫

天朝田畝制度

旨准頒行詔書總目

旨准頒行共有貳拾壹部

凡一軍典分田二典刑法二典錢穀二典入二典出
二俱一正一副即以師帥旅帥兼攝當其任者掌其
事不當其事者亦贊其事凡一軍一切生死黜陟等
事軍帥詳監軍監軍詳欽命總制欽命總制次詳將
軍侍衛指揮檢點丞相丞相稟　軍師軍師奏
天王天王降旨軍師遵行功勳等臣世食天祿其後來歸
從者每軍每家設一人為伍卒有警則首領統之為
兵殺敵捕賊無事則首領督之為農耕田奉尚
凡田分九等其田一畝早晚二季可出一千二百斤
者為尚尚田可出一千一百斤者為尚中田可出一

千斤者。為尚下田。可出九百斤者。為中尚田。可出八百斤者。為中中田。可出七百斤者。為中下田。可出六百斤者。為下尚田。可出五百斤者。為下中田。可出四百斤者。為下下田。尚尚田一畝。當尚中田一畝一分。當尚下田一畝二分。當中尚田一畝三分五釐。當中中田一畝五分。當中下田一畝七分五釐。當下尚田二畝。當下中田二畝四分。當下下田三畝。凡分田照人口。不論男婦。算其家口多寡。人多則分多。人寡則分寡。雜以九等。如一家六人。分三人好田。分三人醜田。好醜各一半。凡天下田。天下人同耕。此處不足。則

遷彼處彼處不足則遷此處凡天下田豐荒相通此處荒則移彼豐處以賑此荒處彼處荒則移此豐處以賑彼荒處務使天下共享

天父上主皇上帝大福有田同耕有飯同食有衣同穿有錢同使無處不均勻無人不飽煖也凡男婦每一人自十六歲以尚受田多踰十五歲以下一半如十六歲以尚分尚尚田一畝則十五歲以下減其半分尚尚田五分又如十六歲以尚分下下田三畝則十五歲以下減其半分下下田一畝五分凡天下樹牆下以桑凡婦蠶績縫衣裳凡天下每家五母雞二母彘無失

其時凡當收成時兩司馬督伍長除足其二十五家每人所食可接新穀外餘則歸國庫凡麥荳苧麻布帛雞犬各物及銀錢亦然蓋天下皆是
天父上主皇上帝一大家天下人人不受私物物歸
上主則主有所運用天下大家處處平勻人人飽煖矣此乃
天父上主皇上帝特命太平
真主救世旨意也但兩司馬存其錢穀數於簿上其數於典錢穀及典出入凡二十五家中設國庫一禮拜堂一兩司馬居之凡二十五家中所有婚娶彌月喜事俱用國庫但有限式不得多用一錢如一家有婚娶

彌月事。給錢一千。穀一百斤。通天下皆一式。總要用之有節。以備兵荒。凡天下婚姻不論財。凡二十五家中。陶冶木石等匠。俱用伍長及伍卒爲之。農隙治事。凡兩司馬辦其二十五家婚娶吉喜等事。總是祭告

天父上主皇上帝。一切舊時歪例盡除。其二十五家中。童子俱日至禮拜堂。兩司馬教讀舊遺詔

聖書、新遺詔

聖書。及眞命詔

旨書焉。凡禮拜日。伍長各率男婦。至禮拜堂。分別男行女行講聽道理頌讚祭奠

天父上主皇上帝焉凡二十五家中。力農者有賞惰農者有罰。
或各家有爭訟。兩造赴兩司馬。兩司馬聽其曲直。不
息則兩司馬挈兩造赴卒長。卒長聽其曲直。不息則
卒長尙其事於旅帥、師帥、典執法及軍帥。軍帥會同
典執法判斷之。旣成獄辭。軍帥又必尙其事於監軍。
監軍次詳總制、將軍、侍衛、指揮、檢點及丞相。丞相稟
軍師。軍師奏
天王。天王降旨命軍師、丞相、檢點及典執法等。詳核其事。
無出入。然後軍師、丞相、檢點及典執法等直啟
天王主斷。

天王乃降旨主斷。或生或死。或予或奪。軍師遵旨處決。凡
天下官民。總遵守十款天條。及遵命令盡忠報国者。
則為忠。由卑陞至高。世其官。官或違犯十款天條及
逆命令受賄弄弊者。則為奸。由高貶至卑。黜為農民。
能遵條命及力農者。則為賢為良。或舉或賞。民或違
條命及惰農者。則為惡為頑。或誅或罰。凡天下每歲
一舉。以補諸官之缺。舉得其人。保舉者受賞。舉非其
人。保舉者受罰。其伍卒民有能遵守條命及力農者。
兩司馬則列其行蹟。註其姓名。並自已保舉姓名於
卒長。卒長細核其人於本百家中果實。則詳其人並

保舉姓名於旅帥旅帥細核其人於本五百家中果
實則尚其人並保舉姓名於師帥師帥實核其人於
本二千五百家中果實則尚其人並保舉姓名於軍
帥軍帥總核其人於本軍中果實則尚其人並保舉
姓名於監軍監軍詳總制總制次詳將軍侍衛指揮
檢點丞相丞相稟
軍師軍師啟
天王天王降旨調選天下各軍所舉爲某旗或師帥或旅
帥或卒長兩司馬伍長凡濫保舉人者黜爲農凡天
下諸官三歲一陞貶以示天朝之公凡濫保舉人及

濫奏貶人者黜爲農當陞貶年各首領各保陞奏貶
其統屬卒長細核其所統兩司馬及伍長某人果有
賢蹟則列其賢蹟某人果有惡蹟則列其惡蹟註其
人並自已保陞奏貶姓名於軍帥至若其人無可保
陞並無可奏貶者則姑置其人不保不奏也旅帥細
核其所統屬卒長及各兩司馬伍長某人果有賢蹟
則列其賢蹟某人果有惡蹟則列其惡蹟詳其人並
自已保陞奏貶姓名於師帥師帥細核其所統屬旅
帥以下官某人果有賢蹟則列其賢蹟某人果有惡
蹟則列其惡蹟註其人並自已保陞奏貶姓名於軍

帥。軍帥將師師帥以下官。所保陞奏貶姓名。並自已所保陞奏貶某官姓名。詳於監軍。監軍並細核其所統軍帥某人果有賢蹟。則列其賢蹟。某人果有惡蹟。則列其惡蹟。詳其人並自已保陞奏貶姓名。詳欽命總制。欽命總制並細核其所統監軍某人果有賢蹟。則列其賢蹟。某人果有惡蹟。則列其惡蹟。詳其人並自已保陞奏貶姓名。一同達於將軍侍衛指揮檢點及丞相。丞相稟

軍師。軍師將各欽命總制及各監軍及各軍帥以下官所保陞奏貶各姓名直啟

天王主斷。

天王乃降旨主斷。超陞各欽命總制。所保陞各監軍。其或陞爲欽命總制。或陞爲侍衛。譴謫各欽命總制所奏貶各監軍。或貶爲軍帥。或貶爲師帥。超陞各監軍所保陞各軍帥。或陞爲監軍。或陞爲侍衛。譴謫各監軍所奏貶各軍帥。或貶爲師帥。或貶爲旅帥卒長。超陞各軍帥所保陞各官。或陞尙一等。或陞尙二等。或陞軍帥。譴謫各軍帥所奏貶各官。或貶下一等。或貶下二等。或貶爲農。

天王降旨

軍師宜丞相丞相宜檢點指揮將軍侍衛總制總制次宜監軍監軍宜各官一體遵行監軍以下官俱是在尙保陞奏貶在下惟欽命總制一官

天王准其所統各監軍保陞奏貶欽命總制天朝內丞相檢點指揮將軍侍衛諸官

天王亦准其尙下互相保陞奏貶以剔尙下相蒙之弊至內外諸官若有大功大勳及大奸不法等事

天王准其尙下不時保陞奏貶不必拘陞貶之年但凡在尙保陞奏貶在下誣則黜爲農至凡在下保陞奏貶在尙誣則加罪凡保陞奏貶所列賢蹟惡蹟總要有

憑據。方爲寶也。凡設軍。每一萬三千一百五十六家。先設一軍帥。次設軍帥所統五師帥。次設師帥所統五旅帥。共二十五旅帥。次設二十五旅帥各所統五卒長。共一百二十五卒長。次設一百二十五卒長各所統四兩司馬。共五百兩司馬。次設五百兩司馬各所統五伍長。共二千五百伍長。次設二千五百伍長各所統四伍卒。共一萬伍卒。通一軍人數共一萬三千一百五十六人。凡設軍以後。人家添多。添多五家。另設一伍長。添多二十六家。另設一兩司馬。添多一百零五家。另設一卒長。添多五百二十六家。另設一旅帥。添多二千六百三十一家。另設一師帥。共添多一萬三千一百五十六家。另設一軍帥。未設軍帥前其師帥以下官仍歸舊軍帥統屬。既設軍帥。則割歸本軍帥統屬。凡內外諸官及民每禮拜日聽講

聖書。虔誠祭奠禮拜頌讚

天父上主皇上帝焉。每七七四十九禮拜日師帥旅帥卒長更番至其所統屬兩司馬禮拜堂講

聖書。教化民。兼察其遵條命與違條命及勤惰。如第一七七四十九禮拜日。師帥至某兩司馬禮拜堂第二七七四十九禮拜日。師帥又別至某兩司馬禮拜堂。以次第

輪。週而復始。旅帥卒長亦然。

凡天下每一夫有妻子女約三四口。或五六七八九口。則出一人爲兵。其餘鰥寡孤獨。廢疾。免役皆頒国庫以養。

凡天下諸官。每禮拜日依職份虔誠。設牲饌。奠祭禮拜。頌讚

天父上主皇上帝講

聖書。有敢怠慢者。黜爲農。欽此

天朝田畝制度

建天京於金陵論

太平天國癸好三年（一八五三）刻本

太平天国癸好三年新鐫
建天京於金陵論

旨准頒行詔書總目

旨准頒行共有貳拾壹部

建天京於金陵論　何震川

蓋聞欲創非常之業、必得非常之人、欲立永久之基、
必得至當之地、斯能歷久而不易、亘古而常尊者也、
溯自
天父上帝、自造有天地以來、其間竊號流傳、未嘗不代有其人、
而究之人非天命之人、國非天命之國、所以弒奪頻
仍、紛更不一、以至於今、惟我
天王、親承
帝命、永掌山河、金田起義、用肇方剛之旅、金陵定鼎、平成永固
之基、京曰

天京、一一悉准乎
天國在在悉簡乎
天命、國爲
帝心、迄今建都旣成、天下大定、
天王降詔、咨於羣臣、
詔、於是爰爲之論曰、穆穆皇皇、赫赫我
王、奄有四海、撫綏萬方、
恩覃普宇、德遍要荒、遐邇壹體、率賓歸王、宜乎永奠千百
代無疆之福、肇基億萬年有道之長、

建天京於金陵論　　吳容寬

金陵一大、
天京之福、所也我
天父上主皇上帝當初六日造成天地山海人物、所造者、雖不
獨一、金陵而金陵固於六合之大、九州之廣、爲甲乎
天下者也、爲福地於天下者也、即爲天下之少貳寡
雙者也、何言之、金陵之城郭、則堅且厚、金陵之倉庫、
則實且充、金陵之形勢則虎踞而龍蟠、金陵之風俗、
則温文而淳厚、於以知昔日
天父上主皇上帝之造金陵時也、久已著意於此、以爲金陵乃
王氣所鍾、誠足爲後日建

天京之所故我
天王既奉
天誅妖、體
天立極、上爲
上帝誅瞞天之妖、下爲凡人脫魔鬼之纏、即建都於此、名之曰
天京、即奉
天體
天之意也、由是
天国大興、胡虜盡滅、金陵既爲五方拱會之區、金陵即爲
萬國來朝之地、豈不幸哉、豈不幸哉、

建天京於金陵論　　鍾湘文

通都大邑、無非名勝之區、建極綏猷、必擇建都之地、金陵爲天下名邦、由來久矣、今蒙
天父皇上帝、恩差我
主下凡救衆安民、掃妖除害、自廣西至金陵、一路滔滔、勢如破竹、金陵之至、如此其易、金陵之得、如此其速者、非
天父
天兄欲使我
主建

天京於金陵乎、築其城垣、新其風俗、將見羣臣共戴、同欽
天国之威、率土來朝、共享天堂之福矣、

建天京於金陵論

馬之澐

立国建都、必擇其地里之廣延、山河之峻險、城郭之堅固、人物之豐盈者、而後定都焉、始足爲千萬國來朝之所、億萬年不拔之基也、金陵地連三楚、勢控兩江、地理不爲不廣延矣、羣山屏列、長江襟帶、山河不爲不峻險矣、鍾阜旋繞如蟠、石城屹立相踞、城郭不爲不堅固矣、地則五方雜處、市則百貨駢臻、人物不爲不豐盈矣、洵乎金陵、鬪甲乎天下、爲古今來一大

都會也、我師攻金陵城、兵不浹旬、堅壘已克、非盡人
力、蓋實
天父
天兄作主也、我
主駕至金陵、度其形勢、覽其山河、相其城郭、稽其人物、默
感
天父恩德、
天兄權能、覺天下輿圖之勝、無過於此、遂爲之建
天京於金陵焉、蓋實足於萬斯年、永奠厥基者也、是爲論、

建天京於金陵論　　袁名傑

建都必先擇地、而擇地尤必取廣大金陵爲天下一
大都會、雖地勢稍下、而紫金山高凌雲表、城內各山
亦不平衍、此
天父預設、所以待我
天王來登大寶也、外此若河南爲天下之中、四達之地、土
厚水深、而要不若
天京雄踞東南、足以壯
天威、而成王業者也、將見萬國來朝、太平一統、有傳之萬萬世
而無旣者矣、

建天京於金陵論　葉春森

眞主必本於
天生而建都尤貴乎地勢、故得地利者興昌、自然之理也、金陵
爲王氣所鍾、襟三江而帶五湖、包東吳而連北越、得
其人主之出、可以戰、處可以守、今也
天生
眞主授以重地、建永年不拔之基、立萬世常新之業、且帶
甲百萬、糧支拾年、国家有事、遣太將征之、西通川廣、
東望浙閩、仁者無敵、立見金甌永固矣、国家無事、名
山大川生滋浩繁、共享
上帝眞福、誠
天京之雄也

三

建天京於金陵論

宋濬生

金陵乃名勝之區、王氣之所鍾也、倚鍾阜、瞰長江、接
天闕、枕後湖、龍蟠虎踞、楚尾吳頭、民物浩繁、士林淵
藪、其美利有不可勝言者、方今
眞天子赫然震怒、掃蕩胡塵、金陵
駐蹕、爰建
天京、斯固金城湯池、萬方之所觀瞻、億衆之所嚮往者也、
乃知
皇上帝造天造地之時、蓋已預備此地以俟太平
眞主樹萬年不朽之基、而建萬世無疆之業也夫、

建天京於金陵論

張文英

夫以
神州雄峙之區、本
上帝造成之界、
天既生眞主以乘乾、自必扶
天王以定鼎、豈胡妖所得而有哉、溯自
天父顯神跡於西奈山、金陵之地、早爲王氣所鍾、故特命我
天王恭行
天罰、自金田起義、駐蹕永安、由是而長沙岳州、武漢諸大郡、望
風而遁、甲冑干戈、勁旅奪龍蟠之嶺、長幼男女、鋭鋒

臧虎踞之關、此乃
天父神威、
天兄能、手、理宜擲體
天心以壯
天朝氣象以肅
天国觀瞻、名都控吳楚界中、洞蕃京卄、王臣列朝陽門外、
彩煥石頭、如雲之衆、不日而成、莫非
天父
天兄權能、
天王鴻福所致、我

主億萬年永遠江山將大一統於斯地矣、

建天京於金陵論

黃從善

蓋聞

天子有一統之勢、圖大是需、

王者有遠御之權、宅中爲尚、遐想

天父皇上帝當初六日造成天地山海人物、舉凡九州之大、四

海之遙、皆賴

皇上帝造成焉、今考金陵古名福地、倚山爲城、以江爲池、故鰍

渚龍潭、萬丈之菁流環繞、桃崗桂嶺、千重之峭壁嶙

峋、此其形勢之大觀、合爲京師之盛地、茲幸

天王奉
天行罰、伐暴救民、奠定
天京、以建首善之要區、以建萬年之基業、將
九重始就、盡沾
天父莫大之恩、萬國來朝、共享
上帝無窮之福也、

建天京於金陵論

林一環

嘗聞王者建都、必先觀地之形勢、地非居天下之中、不可建都、非有崇隆之勢、不可建都、非有富厚之形、尤不可建都也、至於金陵地居都會、據東南之美、為

名勝之區、地勢彌崇、民情益厚、中多山阜、外有江河、
此
天父上帝所造成、而爲我
天王建都之地也、今者創萬年之業、來萬國之朝、自當因
金陵爲
天京、建
王都於鍾阜、將見爾熾爾昌、共仰
天朝之赫濯、來王來享、羣覲
天国之森嚴、不已見太平一統、世世靡旣哉、

建天京於金陵論　徐雨叔

天堂之上、
帝廷之中、
天父主宰、
天兄乘榮、珍寶作闕、黃金爲宮、種種靈異、悉數難終、我
主上請、願住
蒼穹、
天父曰無、不必希蹤、金陵之美、
天堂路遠、山川田土、宮室垣墉財貨所聚、戶口常充、況乎地脉、
王氣所鍾、
天塹之險、

天府之雄、建立
天京萬國來同、世世一統、享福無窮、

建天京於金陵論　　姜大成

誅暴救民、端嚴
天心之寄托、建都立国、共欽
上帝之威嚴、體
天父之權能、
眞主出而妖魔盡滅、蒙
天兄之眷佑、京都作而邪慝胥除、天下定於一尊、基宇宏開、
萬國切來朝之想、普天莫非

帝造、方城永固、億姓忘趨作之勞、大實既登、民念惡皆嚮善、金
甌不貧、羣情莫不輸誠、統四海皆爲兄弟、居
天宇者宜盡
天事之勤、中天下而立邦畿、奉
天命者更切
天工之亮、經之營之、建
天京於金陵、城池固而人心鍊正、美矣備矣、立
天都於鍾阜、制度成而國運綿長、所以播
天国之聲靈、億載長宏、氣象凜
天威於咫尺、萬邦無不來王者也、

建天京於金陵論　羅長春

金陵爲王氣所鍾、地居都會、天国建太平之業、永奠
邦家、故覽乎形勢、大江界其外、名山鎮其中、而辨厥
土風、物產多精英、人民多淳樸、此
天父之所開造、
天兄之所創垂、爲我
天王建立
天京之所也、今者金城屹立、數十里保障維堅、
天宇宏開、億萬國來朝、恐後蓋天生
真主、天即設以名區、地永
天朝、地乃新、夫景象、將見名傳第一、俯臨天下以稱雄、基

美無雙、璧固萬年而不改、雄圖大啟、奕世維新、猶與

休哉、惟其盛矣、

建天京於金陵論　　賙際瑲

金陵爲五方都會之名區、

天国京師之福所也、我

天父

天兄降凡作主、命我

天王建京金陵、一時遐邇安逹至、來享來王、億萬國蒙業而

安焉、夫曩者

列王甫入城廂、民皆仰望、行見旌旗在前、鑾聲噦噦、後

車數十乘、從者數百人、誠所謂威風無了期也、夫其所以致此者何也、以
天王體天行道、克享
天心、視天下猶一家、中国猶一人、用特大展鴻猷、稱戈比干、利乃鋒刃、興仁義之師、伐暴救民、本淑身以淑世、由正已以正人、因以金陵爲王氣所鍾、而建業於茲土矣、由是肅體統大一尊、一人垂拱於上、萬民咸歸於下、自西自東、自南自北、無思不服、羣見
天京、偉矣麗矣、堂哉皇哉、而共懷我
天朝之恩澤於無窮矣、猗歟休哉、

建天京於金陵論　沈世祁

王者居中而理、四海來歸、所以大一統、尊
上帝也、夫天下之形勢、湖北河南金陵、皆爲天下之中、然湖北
河南、皆有水患、惟金陵地勢崇隆、民情富厚、且天下
糧食盡出於南方、如江西安慶等省、順流而下、運糧
亦甚便易、至浙江江蘇、其地更近、尤爲迅速、若東西
南北、萬邦來附、皆爲適中之地、宜建
天京者也、今蒙
天父
天兄鴻恩、旬日之間、即有其地、太平之盛治

天国之家謨億萬載之基業均肇於此也、豈不懿哉、

建天京於金陵論　　吳竹知

金陵古今一名勝地也、今者
天命眞主除暴救民、建都之地、固任其所擇也、然要必以合
天心、得地勢者爲得、自我兵大破金陵、
天與人歸、昭昭可信、而雄據東南、俯視西北、其地勢尤勝也、故
建
天京於金陵、而萬國有來朝之象、
天国有鞏固之安矣、

建天京於金陵論　　黃期陞

奉
天眞命、自我
王而開基、統御黎民、必敬
上帝爲首務、今日建都於斯、實
天父大作主張、
天兄大有擔當、故名之曰
天京焉、此陵名耀於世、亦因
主德而聲馨、故預名曰金陵也、欽惟我
主建極綏猷、釐工熙載、闢升賢路、命有德以服彰、整肅官
方、馭羣臣以律度、品旣分於次第、建惟賢而位惟能

等已列於崇卑德懋官而功懋賞深願庶民厚生正
德惠養黎元之意誠求保赤之心詰奸除暴懲貪黜
邪以端風化以傳
天道既若
帝心之公正復合
天兄之大德
天国一家益懋兢兢業業之心太平一統莫非蕩蕩巍巍
之盛痌瘝一體休戚相關恩膏覃敷海宇均蒙雨露
沾濡聲教洋溢寰區共仰風雲糺縵執權衡以御民
金陵偏黨之習潛消定模範以示人
天京仁厚之風溥洽官聯以是而肅士品以是而端民俗

以是而淳財用以是而均国祚以是而永秉筆以是
而公論、

建天京於金陵論　劉盛培

真主之御世也必先擇勝地以爲首善之區而
天之眷顧
真主也、即預立新朝以爲建都之所、惟玆建業素號金陵、
形勢既美乎地軸、規模尤合乎
天堂、誠足壯
天朝之氣象而爲
天国之雄圖也已、我
天父權能廣大、功德弘深、命我

天王、掃滅胡妖、重新世宙、佑兹

天国永建

天京從此卜年卜世、億萬載無疆、維休、同德同心、于百國

歸眞恐後、萬國則共同讚美、奕世而長沐榮光、奠安

宇宙、爰資

天京之雄、表裏山河、永繫苞桑之固、布告天下、咸使聞之、

建天京於金陵論

朱翔廷

天国之興、由天作主、

天京之建、由天造成、惟我

天朝建京金陵、溯其應兆之由、其權能盡歸之於

上帝者也、我
王由天而降、應
天而起、
天京之名、顯受於
天、一時拔水炎而登衽席、豈但金陵之兄弟姊妹、樂生其地、幸
值其時、推之海隅之遙、無不引領投順、較之妖穴罪
隸其冠冕堂皇之盛、不更判以天淵乎、小臣何幸生
覩其盛、將見妖魔滅而
天人歸、羣黎來而四海一、化傾中外、德冠古今、加以
天父之慈恩、

天兄之眷顧、佑我
王之子子孫孫千萬載御極於
天京者、豈猶昔時之金陵也哉。小臣無知、敢獻論以
聞、

建天京於金陵論　　胡仁魁

金陵真生成一大
天京也、城周四十餘里、街衢廣闊、田園豐美、人民樸淳、山川環抱、蕃誠
天国之都、巍巍乎天下萬國、莫與比也、伏惟我
天王降生中国、恭膺

天命掃蕩妖魔、更新世界、重立乾坤、於是建
天京於金陵、以承
上帝之命、以受萬国之朝、自西自東自南自北、無思不服、有德
有人有土有財、無遠無屆、億萬年之丕基、實肇於此
矣、

建天京於金陵論　　黃際世

天恩廣被、山河已定於金陵、
跪思
天国方興、基業尤貴夫鞏固、所以澤被四海、昭著萬方者
也、茲蒙

天父

天兄、大開鴻恩、俾我

眞主建都鍾阜、改命

天京、羣臣獻祝壽之詩、

天国享

上帝之福、億兆人之愛戴、罔有二心、千萬載之憂勤、常如一日、

恭頌

仁德、躋堂祝萬壽無疆、仰覲

天顏、作覲識一人有慶、啓九天閶闔、會萬國衣冠、臣等識

闡覲天情深愛日、對高天之祝、撖頌三多、效敬辯之

歌、勿忘九叙、伏願法天行健、應地無疆、將見萬方靡
不感彼而
天国於以常興矣

建天京於金陵論

秦子貽

有天下者、莫先於立天下之本、立天下之本、莫先於擇天下之地、地利既得、則天下之大勢自定、金陵爲天下之名區、鍾阜有龍蟠之象、石城有虎踞之形、山川盛氣、鬱乎蒼蒼、望氣者曰、非
真命之主不足以居此、我
天王奉

天命而坐、
天国順
天心而建、
天京海宇昇平、共仰
天朝之德化、金湯鞏固、咸瞻
天国之威嚴、夫所謂有天下者、必先得地、其卽此與、

建天京於金陵論　夏鍾英

興師起義、必有受命之由、而啟宇拓疆、宜定建都之
地、伏惟我
主天王奉

天命下凡自粵西起義以來、大顯
天威、戰無不勝、攻無不克、由三楚以至江南、滅妖救民、
天與人歸、實爲仁義之師、茲者駐蹕金陵、爲楚尾吳頭之地、有
龍蟠虎踞之雄、我
主天王德被生民、威振海內、足以立萬世無疆之業、於千
古名勝之區、況有
天父主張、
天兄擔當、興
天兵以彰
天討、行

天道而順
天心、創
天国、立
天朝、此
天京之所以名也、將見羣妖掃滅、萬國來朝、小臣欣逢
聖世、獲享
昇平、愚昧無知、謬擬蕪論以
聞、

建天京於金陵論　陳陽生

建邦設都、必取至善之地、非第曰金城湯池已也、我

天朝建京金陵、東瞻滄海之雄、南接長江之險、西北距岱
宗、而地脉尤勝、前代亦有取諸此者、奈得其地而未
得其人、今
天父
天兄恩降作主、命我
天王、大建
天京、控馭中外、收萬年之王氣、貯四海之承平、百姓胥仰
望焉、何其盛哉、

建天京於金陵論　朱希濂

夫虔地必貴乘時、而定邦尤宜相勢、如金陵合建

天京、其形勢有歷歷可數者、東臨鍾阜、西瞰長江、南接天闕、北枕後湖、豈他區所可同日語哉、今我

天王奉

上帝之命、滅妖魔之族、建都於此、名曰

天京、登於朝者公正自矢、居於野者億兆歸心、庶幾永金甌之固、而奠盤石之安矣、

建天京於金陵論　　汪保邦

今夫非常之君、自必擇非常之地、以處之之地也者、人君之所甚係者也、地利而萬物備矣、諸邪去矣、萬方萬國共尊矣、此

眞主之所以邁於古而拔於今者、惟建
天京於金陵是今
天父
天兄開恩下降、命我
天王建都於此、將見龍蟠虎踞、相對而昭然者、城郭之雄
也、千廒萬倉、積之而紅朽者、米粟之餘也、義旗義兵
威風凜凜者、兵甲之利也、家歌戶誦、共樂太平之世
者、人民之和也、猗歟休哉、非萬萬年不拔之基哉、

建天京於金陵論　劉鴻恩

夫惟命受於

天
一人、欣首出之正、京得其所、萬年樂有道之長、惟我
天王奉
天命而下凡塵、震
天威以滅魔鬼、爲萬國之
眞主、開萬代之
天京、其都之建也、豈偶然者、蓋自創義以來、歷數載之艱、
辛救斯民於危急、東無不蕩、西無不除、南征無弗順、
北伐無敢違、信乎妖魔滅殘、萬國咸欽
上帝、基宇大定、寸土皆屬

天朝矣、顧來享來王有其效、而會極歸極有其所也、爰至金
陵、而建
天京焉、粤稽金陵名區也、秀聳鍾山、遠邁西岐之盛、帶環
江水、長徵天塹之雄、
天父固明以數千年之勝地、爲我
天朝億萬載之
王畿也、小臣何幸親見太平
天日、獲享
天父榮光、受此鴻恩、爰由報効、惟有懇求
天父時時看顧、俾我

王子子孫孫繼承勿替、永奠金陵、長享
天京云、

建天京於金陵論　　宋永保

金陵乃名勝之地、其古蹟有可指而知者、如東有鍾阜之高、西有長江之險、南連峻關、北枕後湖、實眞天子建都之所、歷萬世而無疆者也、今幸蒙
天父
天兄闢格外之鴻恩、施非常之惠澤、命我
主天王掃除妖孽、拯民於水炎之中、得享
天堂建 都於 金陵之地、近者得以沾其膏澤、遠者亦欲得

所依歸、猗歟休哉、誠令天下萬國、戴德無涯矣、

建天京於金陵論　　喬彥材

東南爲王氣所鍾、江山乃王靈所鎮、王者建国、必使控制夏夷、包括中外、收四海仰望之效、樹萬年鞏固之基、此

天朝

天京所以有取於金陵也、惟我

天王奉

上帝眞命誅滅妖魔、救援世人、建

建天京於金陵論

鄧輔廷

天京於金陵北接岱宗、西臨滄海、礪山帶河、金城湯池、大一統以敷猷、足以副天父天兄之寵眷者、在是矣、猗歟盛哉、謹以我天父上帝於建義之初、即面示我主以小天堂之處、蓋不獨權能廣大、破妖兵不使有遺、且至誠如神、於建立無所不知也、於是我天王親承

帝謂、乘破竹之勢、直至金陵、即大寶於茲、而
天京之名、於焉以建、則以
天父上主登極之處本屬
天堂
天王眞主建極之都自屬
天京也且以知
天堂侍
天父者、威風莫加、立
天京臣
天王者、威風莫比、而水帶山環之地、已徵其鸞翔鳳翥之
麟、此

天京之所以建於金陵也、爾四海居民其共知之蓋不徒肇萬年不拔之基、且以啓萬國來朝之象也、

建天京於金陵論

朱子明

王者建都之法、必視乎地之形勢極乎恢廓、據乎險要、乃可以卜邦基之永固焉、以金陵之重地、本古家之所鍾、其形勢實高出乎天下、我

天王建

天京於金陵

天與人歸、覘河山之帶礪、體国經野、奠磐石於苞桑、世世萬國

來朝、莫不頌

天父鴻恩而倍深鼓舞也已、

建天京於金陵論　　吳煥

王者度地居民、量地制邑、誠以地利不容忽也、況京師爲首善之區、而尤爲萬民所歸止者哉、天王奮義興師、凡身之所在、民卽附焉、民之所附、地卽歸焉、而必建天京於金陵者、以其地有王氣、天父上帝造天造地之時、預造此福地以待天王況天父

天兄開恩下降、所有威權莫非出自
天父
天兄也、其開
天国立、
天朝建
天京於金陵也、固宜、

建天京於金陵論　花悔庭

王者之興、必有發祥之所、江南地多王氣、自昔爲昭然其間名稱不一、或曰金陵、或曰建業、或曰秣陵、或曰建康、而鄭而重之、推而尊之曰、

天京則惟我
天王承
天父
天兄之看顧得以創業於斯將見長江天塹千萬傳統緒垂
成貫朽粟陳億萬國朝貢永集其命名爲不敝耳至
於尊
天之意不即因之昭示天下哉

建天京於金陵論

汪悅潭

建京匪易創業維難惟我
天国上奉

天父聖旨指醒萬國迷途繼承
天兄看顧、蕩除億方妖孽、憶自起義以來、將帥俱緩帶以從
戎、士卒咸披堅而執銳、經歷無敵望風而降、固由將
士之用命、實由
天父
天兄之權能、
天王暨
列王福厚之所致也、於是龍車光降金陵、日馭咸臨遐
業、後舞前歌、出軍民於塗炭、遠來近悅、傾父老之壺
漿、竹見龍蟠虎踞之地、

太陽初興吳頭楚尾之區
天京永建斯後萬國來朝咸朝於白下是萬年千載不易
之基業永駐金陵將見我
主江山億萬萬年從茲起矣小臣無知敢獻論以
聞

建天京於金陵論　陸泰來

金陵誠王氣所鍾之地惟我
天朝奉
天父命以開
国而名之曰

天京、庶不負
天父
天兄看顧、
天王之創業云

建天京於金陵論

黄文模

建都於天下、莫如金陵、夫金陵有淮水鍾山之秀、龍蟠虎踞之形、城最高、池最深、兵甲最堅、米粟最多、是
天下所不能及也、今蒙
天父開恩、
天兄眷顧、而使我

天王建
天京於金陵、以安黎庶、以養軍民、率天下萬國萬代而同
行
天父上帝真道、誠千古之盛事、萬年之丕基也、民也生逢其盛、
能不歡欣鼓舞於斯時哉、

建天京於金陵論　汪楨

事業之興、非由人作、而江山之奠、本於
天為、今我
主天王奉
天父以滅妖魔、建京金陵、夫金陵王氣所鍾、安得為胡虜之所

盜而混亂之乎、故
天父命我
主天王、以滅胡奴、惟討有罪、因立国興邦、建都於金陵、名
之曰
天京、是奉
天命以治天下云耳、

建天京於金陵論

汪　芝

王者建都、必斟酌盡善者也、昔人以金陵有王氣、埋
金鎮之、不知
天父造天造地之時、既預造此福地、以待今日也、今蒙

天父恩憐救護、
天兄贖罪功勞、命我
天王建京於斯、於是改南京爲
天京、以識不忘
天恩之至意、此誠萬世之基、而萬國無窮之福也、將見歡呼載
道、共迓
天兵踴躍爭先、同誅妖怪、從此解倒懸而上
天堂、皆出自
天父
天兄之鴻恩、及

天王
列王之惠澤焉、

建天京於金陵論　　張潮楷

建国必先度地有土乃可興邦、我
主天王、敬奉
天命、建京金陵、開閶闔於九天、貢珍奇於萬國、山川繚繞、則極
乎大觀、城郭堅凝、則周乎四表、他若人才競起、物產
叢生、無非
上帝權能、致我
天朝景運一新、也生逢其會者、葢莫不心悅誠服、而來享

來王也巳、

建天京於金陵論　汪鶴年

王者必先度形勢、以爲建都之所、金陵固
天京也、昔望氣者謂江南多王氣、故埋金鍾山下以鎭之、且決淮水以洩之、夫王氣豈淮水所能洩、亦豈埋金所能鎭哉、葢我
天父上帝造天造地之時、旣先多方着意、以爲今日
天京也、今
天王建
天京於金陵、謂此長江天塹、實

建天京於金陵論

黄恩沛

天父
天兄之所以資我
天王也、開国必先擇地而建都猶貴立基、身居
王位者無不定萬世之鴻規也、我
主天王、奉
天命以爲
眞主駐蹕、
天京覽淮水鍾山之秀、奠苞桑盤石之安、上以承

天父鴻恩、暨
天兄厚惠、於即
天堂路啓、兆民得復甦之歡、而妖孽胥除、萬國有梯航之
意、況以金陵勝地、王氣久鍾、虎踞名區、国風丕著、從
此昇平有象、
天父常留德澤於凡間、而康阜無涯、
上帝永賜榮光於天下矣、

貶妖穴爲罪隸論

太平天國癸好三年（一八五三）刻本

太平天国癸好三年新鐫
貶妖穴爲罪隸論

旨准頒行詔書總目

天父上帝言題皇詔

天父下凡詔書　貳部

天命詔旨書

舊遺詔聖書

新遺詔聖書

天條書

　太平詔書

　太平禮制

　太平軍目

　太平條規

頒行詔書

頒行曆書

三字經

幼學詩

太平救世歌

建天京於金陵論

貶妖穴為罪隸論

詔書蓋璽頒行論

天朝田畝制度

天理要論

旨准頒行共有貳拾壹部

天王詔旨

詔曰。有功當封。有罪當貶。今朕旣貶北燕地為妖穴。是因妖現穢。其地妖有罪。地亦因之有罪。故并貶直隸省為罪隸省。天下萬國朕無二。京亦無二。天京而外皆不得僭稱京。故特詔清胞速行誥諭守城出軍

所有兵將共知朕現貶北燕為妖穴。俟滅
妖後。方復其名為北燕。并知朕現貶直隸
省為罪隸省。俟此省知悔罪。敬拜
天父上帝。然後更罪隸省之名為遷善省。庶俾天下
萬國同知妖胡為
天父上帝所深譴。所必誅之罪人。欽此。

貶妖穴爲罪隸論

何震川

且自
天父皇上帝之造有天地、山海、人物以來、人固因地而顯、地亦因人而彰、此固褒之所不勝褒者也、而有時貶之不勝貶者、妖在其地而居地、即因之而惡、此則欲不貶之而不得者也、今以妖穴論、慨自妖胡竊據直隸以來、其中之頹風惡俗、即罄南山之竹簡、都寫不盡、滿地淫汚、即决北海之波濤、亦洗不盡、彌天罪孽、可勝誅哉、可勝慨哉、茲我
天王大開宏仁、不甚深責、上體

天父有海底之量、姑且法外以行仁、不盡誅之、且輕貶之、以罪隸名之、俾流傳於天下萬世、以示薄責云爾、

貶妖穴為罪隸論　　吳容寬

今以韃子混亂中国、佔中国之土地、害中国之人民、改中国之服制、變中国之形容、其所以害累中国、率人類變妖類、棄真神、拜邪神者、不一而足、誠天下萬國之一大罪人也、為天下萬國之罪人、天父上主皇上帝有不深惡而痛絕、以為罪不勝誅、罪不容死者乎、乃韃子猶自放蕩胡行、目無中国、竟以直隸省私為己有、而恬不為怪焉、故我

天父赫然震怒、命我
天王、陳師鞠旅、伐暴救民、犁其廷而鋤其穴、食其肉而剥其皮、因先改直隸之名爲罪隸、固爲罪其人而罪其地之意、亦以謂天下萬國之一大罪人、則天下萬国之人皆當知其罪、討其罪、鳴鼓而攻其罪者也、

貶妖穴爲罪隸論

劉海珊

伏以天地者、
天父所造之天地、山海者、
天父所造之山海人物者、
天父所造之人物也、自中国以至夷狄、皆福地也、罪何有焉、雖

然
天父之恩德日深、而妖魔之詭譎益甚、始爲荼毒於四夷、繼爲
流傳於中国、終焉遂汚染於朝野上下、蓋無人而非
罪之藪、無事而非罪之階矣、而要其罪之魁、則惟胡
妖爲最、夫胡妖之罪既貫盈、以
天父海底之量、不卽誅滅足矣、何爲尙使之僭竊中原、流毒內
地哉、而不知禍所不得而逃者、禍先從而邀之、然後
知
天父之不早誅胡妖者、
天父之欲聚而殲之也、

天父之誅胡妖而必使之聚於中国者、天父之欲使中外皆得而知之也、天父之旣滅妖穴之迹而不滅罪隸之名者、天父之欲使千萬世皆知妖魔之不可爲而眞神之不可不拜也、則妖穴之宜貶定矣、則妖穴之宜貶爲罪隸定矣、

貶妖穴爲罪隸論

鍾湘文

中原大国、必有公正威風者、爲萬民之主、凡一切拜邪神、行邪事者、天下之罪人也、光天化日之下、必不能容也、今妖穴住居北地、不知崇拜

皇上帝、不知修好鍊正、其罪之多、不可勝數、雖至愚之人、無不知之也、而所居之地、猶稱直隸、有罪之人、何直之有哉、謂之曰直、其罪豈能昭著哉、自今以後、貶直隸爲罪隸、庶四海之內、知不拜上帝者、皆罪人矣、好拜邪神者、皆罪人矣、好行邪事者、皆罪人矣、

貶妖穴爲罪隸論　袁名傑

天父皇上帝、爲天下萬國之父、今妖居北地、二百餘年、不知禮拜、其罪大矣、以不知禮拜上帝之人、而所居之省、猶名直隸、不直已甚矣、況又拜一切邪

神行一切邪事、使天下之人、盡皆不直、此不必更論
其有罪之處、卽以不直之罪加之、夫復何辭、今
眞主降凡特貶罰改其名曰罪隸省、俾天下萬國咸知不
拜
上帝卽爲罪人、庶人人化醒心腸、共同讚美
上帝之權能也、

貶妖穴爲罪隸論

葉春森

從來天所生者人也、天所滅者妖也、妖爲天滅、天必
不留妖以害人、人爲天生、天必助人以殺妖、此不待
智者而後知也、方今

眞主滅妖、十去八九、妖不思退出中原、猶守直隷、思與人
抗衡、是眞得罪於
天矣、故貶妖穴爲罪隷、使天下皆知妖爲至賤、即妖所居之地、
亦爲至賤之地、而不能容於宇宙矣、

貶妖穴爲罪隷論　宋濬生

自來人妖不能竝立、我
天王奉
天伐罪、除暴救民、迯掃羣魔、妖氛幾盡、而乃餘燼猶存、匿迹燕
省、尚不知將沙漠之地、速獻
王師、奉烟瘴之區、爰歸

天囯斯固獲罪於
天而不識
天心者也宜乎我
天王上承
天威以妖胡之穴貶爲罪隸省俾中外人民咸知妖胡爲萬世
罪人天下萬國同視爲奴隸下人也

貶妖穴爲罪隸論　　黄從善

且夫斬邪務盡疾惡宜嚴胡妖覺羅氏盜竊中国侵
害良民於古燕之地爲穴穢惡彰於四海腥聞播於
五湖受其慘毒旣二百有餘年矣今幸

天父皇上帝恩降作主
天兄救世主恩降擔當、
天威震怒眞道大行妖魔之氣運已終、而
眞主之臨凡既久所以鞠旅陳師南征北伐旌旗所至黎
民皆嚮化而傾心、鞭韃必誅、將士悉建功而樹績、然
咸豐、雖定滅亡、而其地必須貶謫、目之為妖穴、要當
遺臭萬年責之為罪隸、務使監戒百代、庶凡天下之人
皇上帝恩憐、救護時時
看顧永不准妖魔迷懞也、

貶妖穴為罪隸論　林一環

王者建邦設都、必能崇拜

皇上帝而一切邪人邪事皆屏之而不習、斯爲大吉大昌之地也、今北有直隸省爲妖人藪集之所、城內則盡居胡虜、城外亦悉屬妖人、一切邪神均奉之爲神靈、一切邪事皆習之而不覺、嗚呼、其不宜蓋亦甚矣、罄南山之竹、簡寫不盡滿地淫污、決東海之波、流洗不盡彌天罪孽、是以今貶直隸省爲罪隸省、使天下萬國皆知爲罪人所居之地、庶幾黜邪崇正、以爲遐邇親疎之永鑒云爾、

貶妖穴爲罪隸論　武建文

且夫中国神州也人也胡虜妖魔也非人也今乃變
中国之人爲禽獸之形則不特妖可誅即其地亦當
罪直隸省在中夏之北其地苦寒妖多而人少故不
得不改其名而貶其穴我
天父皇上帝暨
天兄救世主恩降大作主張命我
天王建京金陵萬方之大咸頌中国之有
眞主夫正直爲人今胡虜妖人也其不直實甚則不當以
直名之而我
天王猶使之隸在宇下者亦四海一家之量也豈不懿哉

豈不懿哉

貶妖穴爲罪隸論

徐雨叔

上帝爲天下大共之父人人是其所生所養苟不認得生我養我之
天父而反拜邪神行邪事雖是天生天養之人已變妖矣已有罪矣而况本出自胡地者乎出自胡地而竊據中国巢穴直隸其變妖之實有罪之端擢髮難數而其尤大彰明較著者則莫如不拜
上帝不奉
天條爲

天理難容、
天法不宥、今貶妖穴爲罪隸、使人共扶
眞主、恭行
天罰、肅將
天威、尚何愧爲
上帝之子女乎、

貶妖穴爲罪隸論

姜大成

夫以胡妖之爲害也、迷惑生民、陷溺斯世、盖由來久矣、今蒙
天父

天兄作主、命我
天王救民代天理事、雖曰人力、豈非
天心哉、何胡妖不能自明、猶妄以直隸自稱者、抑知其非直也、
是罪也、請論其罪之尤、即如不知敬拜
皇上帝、其罪一也、好拜邪神、其罪二也、好行邪事、其罪三也、外此種
種罪名、不可勝道、嗚呼、是使斯民而入於邪也、是使天下
之人、將盡爲妖、而並不自覺也、罪而已矣、何直之有、而欲
使邪不爲邪、妖不爲妖、則必貶直隸爲罪隸、庶有以順
天意、協
天心、蒼生有幸、薄海來歸、同享萬萬年

上帝之福也巳

貶妖穴爲罪隸論　　羅長春

天下不直之人、皆天下有罪之人也、而惟不知拜
皇上帝者、其不直爲尤甚、其爲有罪尤甚、今胡妖拜邪神、行邪
事、而所居之省猶曰直隸、誠不知直之何在也、自今
以後、貶爲罪隸、庶天下萬國皆知不拜
皇上帝者、是有罪之人、不拜邪神者、皆可謂無罪之人矣、而我
皇上帝之權能、不更覺彰明較著哉

貶妖穴爲罪隸論

、天下者　　武立勳

上帝之天下也

上帝之天下、而胡虜竟不知敬拜、並使天下之人、低首下心甘爲胡虜之人民、而不知變胡虜之迷惑人民亦何甚哉、當此之時、不以胡虜之罪布告於天下、天下孰起而議其非、然執胡虜而誅之、人知胡虜之罪、人猶易忘胡虜之罪、何則今日之外胡虜者、安知異日不仍蹈胡虜之覆轍、而不知懼耶、吾無以警之、警之以胡奴之穴、易其名曰罪隸、天下後世庶曉然於胡虜之當誅、而不錯入邪路也夫、

貶妖穴爲罪隸論　周際瑋

胡虜獲罪於天久矣率民變妖逆天足上首下倒置尊卑狗黨狐羣敗壞風俗加以貪官汚吏剝民脂膏其爲罪指不勝屈甚矣妖之爲禍烈矣夫否極泰來天道之常也亂極思治亦人情之常也況前代已二百餘年矣三七之妖運告終九五之

眞主已出然而不貶其穴無以盡絕其根株不加以罪無以顯誅其荼毒君子曰是有道焉其貶之便故貶妖穴爲罪隸而妖孽於以掃除貶妖穴爲罪隸而中夏於以廓清同心戮力翊贊

天朝上爲

上帝報曠天之曠下為中国解倒懸之苦民之福也
天父權能之所賜也凡有血氣心知者所當奉
天誅妖而同享太平之樂也已

貶妖穴為罪隸論　沈世祁

王者建都立極宜擇去邪崇正之區咸知崇拜
天父皇上帝而一切邪神邪事皆摒之而不習斯為萬國來朝之地也今北有直隸省胡虜居於內城外府各州縣村鄉之地皆為所有而種田地之人即為胡虜之家奴不知崇拜
皇上帝而拜邪神行邪事為

天父皇上帝之罪人古者地出忠孝之人卽名爲忠孝之里今直隸爲罪人所居之地則貶爲罪隸肯固其宜也倘自知眞心悔罪立志來歸必另有美名以易之矣天下臣民其各知之

貶妖穴爲罪隸論

吳竹知

嘗謂罪與功相反者也卽與直相反者也人必能以正直爲心地乃可以正直爲名否則不但無功而有罪矣况妖胡之罪更有獲罪於大者乎旣獲罪於天而猶不當貶乎自今貶爲罪隸庶使天下萬國知此地爲罪

人所居之地、人人皆知去邪歸正以求有功無罪云耳、

貶妖穴爲罪隸論

黃期陞

褒貶宜公以別善惡也、昔爲直隸茲貶爲罪隸者何妖罪貫盈、率民而溺色慾胡運應滅、教民而拜邪神害世道之澆漓愈趨而愈下、咁庶民之陷溺益險而益深任賭任吹起世間刼奪之路、好利好貨開衙蠹索詐之門、究之子臣弟友誰存大道爲公求之士農工商那肯修身、鍊正滅慈仁信愛之忱屢憎於
天棄公平正大之道每厭於世萃隸省之民直者變爲曲正者

化爲邪樂藏有資仍肆行無忌凶年無賴愈放恣爲非穴
多痞棍刁徒恒恃獷猂而肥己窟多庸夫怠惰亦效虺蜴
以噬人樂其爲鴟爲鴞心似蠆蜂針毒縱之如鬼如蜮口
若啄木鳥尖決漢陽之湖不能以淨妖逆天之罪孽罄河
南之水不能以洗妖逆天之汙名若是乎隸悉不直尚得
名爲之直乎內不自省猶得稱爲之省乎特貶之爲罪省
而已且公貶之爲罪隸省而已矣

貶妖穴爲罪隸論　　黃際世

邪不勝直非直則邪罪不同正非正則罪今胡妖之
穴自稱爲直隸省而不知其不崇拜

皇上帝仍拜邪神仍行邪事屢犯天條者是天下之大罪人也是

天父皇上帝之大罪人也何直之有哉妖之罪剥削民財竭盡民力固有數之不可勝數者而其率人類變妖類拜邪神逆

眞神此罪之至大者也貶爲罪隷庶天下萬國羣知其罪靡不敬我

皇上帝矣

貶妖穴爲罪隷論

秦子詒

且天地之所生者爲人而異乎人者則爲妖人必有

居而妖之所居者則爲穴我

天王奉

天父上帝之命邪魔盡掃擁雷霆之衆妖孽俱除今考妖匿跡之所貶爲罪隸省試思彈丸之地何能抗拒天兵沙礫之區不日委諸蔓草蓋妖之當滅者由其罪莫能逃妖既有莫逃之罪即其所居之地亦宜貶也

貶妖穴爲罪隸論　　朱希濂

從來不正則爲妖而盤居於其中者則爲妖穴迄今頹風雖熾眞道猶存中夏之衣冠陷於胡虜之塗炭已二百餘年矣今蒙

天朝興問罪之師在不赦之例豈但貶而已哉然
天父
天兄之權能若彼
天王之顯赫若此則所以貶之之道誠未可以一例視也
適輕適重必有能辨之者

貶妖穴爲罪隸論　汪保邦

吁嗟乎三代之時妖魔混跡三代之後妖魔頓興創邪說以迷人世立異端以惑人靈明者無以斥其非智者無所施其計以至行妖之行習妖之習
天堂子女盡人迷鄉世世年年絕無醒悟可不悲哉今而

天父
天兄
天威大發、命
眞主降凡間、驅魔鬼、救人靈、掃將殆遍、而妖仍不知罪、依
然抗拒
天国、罪實難逃、誅妖之身、不足償
天父
天兄之願、毀妖之穴、亦不足以稱
天父
天兄之心也、雖欲不貶其穴、烏得而不貶其穴、

貶妖穴爲罪隸論　朱永保

天下之足以害人者則爲妖而妖之所匿跡者則爲
妖穴、今我
主天王、率民同尊
上帝、共逐妖魔、邪風滅、毒氣蒸、猶得容妖胡之雜於中国哉、所
以、
天王奮雷霆之師、掃邪魔之孽、則貶之豈容緩乎、於以知
上帝之權能、
天王之威武、誠不可一蹴而能知也、

貶妖穴爲罪隸論

鄧輔廷

北方之地、風沙無際、寒暑過嚴、乃

天朝罪奴之所也憶自胡妖竊居中国行同禽獸性若犬羊結窟穴於幽州豈中原之勝地不意彼妄自尊大竟以直隸爲名不知彼實濁亂中原深爲

天父

天兄之所必誅罪大難容惡極定滅故此叢集之所爲胡巢之穴著即爲

天設之牢而蛇蝎既縲縶故聖兵必夷鋤其類於乃貶爲罪隸永昭斧鉞之威斬盡胡奴不遺妖魔之種

貶妖穴爲罪隸論　　喬彦材

天下之惑於妖胡也久矣是不可不亟滅之也顧滅

其人必先滅其地滅其地之勢必先滅其地之名何則妖之所據爲穴者在直隸試思人旣爲妖則所居尙得以都名乎妖穴而已矣妖實亂正則其省尙得以直名乎罪隸而已矣夫不名都而名穴是舉天下之爲妖迷懞者皆難出其穴也不名直而名罪是舉天下之爲妖害累者皆莫逃其罪也不入其穴不正其罪則妖不滅不滅則妖殲人類將歸於湮沒也故

奉

天討妖者奮然起曰是不可不滅其地是不可不先滅其地之名

貶妖穴爲罪隸論　朱子明

妖之由來不足道矣、以胡虜之遺種、盜中国之天下其、虐焰熾彼蒼其淫毒流四海、甚矣妖穴之不可不貶也其地本名直隸而腥風之所播、較他省而尤覺穢褻今幸

天道好還、

天国由此大興、胡虜由此盡滅、斯直隸不得不謂之爲罪隸矣、方今

天父大抓震怒、爾將嚴威、能不痛深罪隸、屠八旗以安萬國也哉、

貶妖穴爲罪隸論　吳煥

普天之下莫非
上帝所造率土之濱莫非
上帝之臣而妖胡據居幽燕二百餘年悍然不畏
皇上帝此亦罪無可逭之數矣我
天朝起義以來由粵西而湖南由湖南而漢陽由漢陽而
江西由江西而江南勢如破竹妖兵其莫敢當矣至
於妖穴取之不足以安人民棄之不足以伸武勇爲
此先行貶斥凡妖所處之穴悉爲罪隸爲
上帝所難容其亦撻伐之意也夫

貶妖穴爲罪隸論　陸泰來

今夫仁義之師一起來歸者四海嚮化者萬方凡各省小民真心悅而誠服也正因胡虜率人變妖已非一旦今幸蒙

天父上帝作主命我

天王將胡虜誅滅殆盡遂救千百萬生民如出水炎之中如登衽席之所恩德靡既矣故今貶直隸爲罪隸理固然耳

貶妖穴爲罪隸論　汪楨

直隸省地本中国貶之爲罪隸何慨自胡奴混亂中国盜中国之天下奪中国之衣食且不知

天父與

天兄權能、自爲肆虐妄行、毋至獲罪於
天、則是腥風播於四海、妖氣慘於五湖、甚哉、宜隸之爲妖穴、已
不知何污穢之甚、罪孽之深、今貶之爲罪隸、貶之宜
其貶耳、

貶妖穴爲罪隸論

汪　芝

昔者
天父憫世人之罪孽、遣
天兄耶穌下凡、爲世人贖罪、而凡知者愚者、皆自知悔罪、故
終得荷
天父

天兄之看顧而得享天堂之福也、彼妖人者、不知敬天朗、不能免罪者、所爲獲罪自天、眞罪無可解、其爲妖同、其爲罪亦同、故貶妖穴爲罪隸、庶妖悉知悔改、而不終於妖乎、

貶妖穴爲罪隸論　　張瀏楷

胡妖之爲虐也、徧於天下矣、而直隸則尤甚、蓋直隸爲妖魔萃聚之區、詭計多端、變態日甚、居其地者罔不受其欺惑、被其迷懞、其貶爲罪隸也、不亦宜哉、茲際

天父、大發天威、力掃妖氛、不留魔黨、將見風俗淳熙、人心正直、

天父矣、

普天之下、無不猛省回頭急親

貶妖穴爲罪隸論　　黃恩沛

形勢不同、氣象各別、凡人見而生惡者、其名呼之爲妖、妖之居於何地、居於直隸之省也、歷年以來、醞釀久、混妖氣叢生、所以穢德彰聞、直隸易名爲罪隸、而怪氛顯著、妖穴早貶、夫妖魔仰

天父之權能、喚下民之迷懞、任使羣邪畢至、驅除無懈於晨昏、而衆怪頻來、力掃不難於旦夕也、

天父下凡詔書（第二部）

太平天國癸好三年（一八五三）刻本

太平天国癸好三年新鐫

天父下凡詔書

旨准頒行詔書總目

頒行詔書

頒行曆書

三字經

幼學詩

太平救世歌

建天京於金陵論

貶妖穴爲罪隸論

詔書蓋璽頒行論

天朝田畝制度

旨准頒行共有貳拾部

十一月二十日是禮拜之辰、
北王與頂天侯及丞相等官、到　東府請安、并議国政
事務議畢、
北王同衆官跪呼千歲、請
東王寬心安福、
東王命
北王回府、暨各官回衙、
東王回入內殿、不一時、
天父下凡、詔楊水嬌胡九妹譚晚妹謝晚妹曰、爾小女等、前來
聽我

天父下凡詔

天父吩咐、楊水嬌同女承宣官、齊到

天父面前跪下請問曰、

天父勞心下凡、小女等齊到、敬聽

天父聖旨、求

天父教導、

天父義怒、良久不語、女官又請曰、操勞我

天父下凡、小子小女實有過錯、罪有餘辜、懇求

天父赦宥、請

天父息怒、待求之又求、求得甚多、

天父始曰、爾衆小既知有罪、速傳爾

北王到來聽我
天父吩咐、女承宣官對曰、遵
天父聖旨、女承宣官、即趨出二府門、鳴鼓、將
天父下凡命、
北王到來之
旨、傳與男承宣官、男承宣官遵命、即往、北府稟報、
北王到 東府、聽
天父下凡
聖旨、
天父又詔女丞相楊水嬌、胡九妹、曰爾

北王現未到來、我吩咐爾、爾將我
聖旨禀奏爾
東王知道、命爾
東王登朝、啟奏爾
主天王、我實困爾
主天王、性氣太烈、性既似我、量亦要似我也、
主宰天下、凡事皆要從寬、譬如女官在
天朝佐理
天事者、多是不明
天情、每有不合事宜之處、務要悠揚教導、海量寬容、使其心曉

誠服、
天事方可週理、若是嚴性過甚、未免其方寸多亂、不知如何様
作法、方能稱旨、以此心無定見、身無安居、一事既錯、
萬事皆非、不若從容指示訓誨、使其習鍊、自可圓成、
即今爾
幼主、我
天父降生、雖性本善、然亦要及時教導、方不至其性相近而為
習相遠也、現今將其初生本性、順機教導、使其鍊得
正正、為天下萬國規模、使天下萬國、皆為法則、觀其
所言所行、合乎

天情者則可任其所言所行若有不合
天情之處便要節制切不可任其率性所爲女官對曰小女遵
天亞爺
聖旨
天父又曰楊長妹石汀蘭現在
天朝佐理
天事亦已有日況此兩小女分屬王姑情同國宗至于朱九妹
兩大小亦有前功准其一體休息免其理事或在
天朝或居　東府安享
天福也又

旨詔在
天朝、未免日近
天顔、人臣侍君、固屬分所當然、但無理事、又不若令其在
東府享福、更爲妥便也、至若
天朝事務、乃係
天事、人人亦該理得、另派他人理事可耳、女官對曰、荷蒙
天父勞心、下凡教導小女遵
旨、自當將
天父聖旨、禀奏
東王、

天父曰、爾等遵
旨便是我回天矣、
天父回天後維時、
北王與頂天侯等纔到　東府頭門、未知
天父回天旋率衆官跪下禱曰、小子等屢多過錯、致勞
天父操心下凡、懇求
天父赦罪、開恩教導小子、禱求已畢、仍跪在地下、即命男承宣
鳴鼓傳女官稟奏事、女承宣聽聞鼓響、即自內殿出
至頭府門、親見
北王、即稟報曰、適纔

天父勞心下凡、今已回天矣請
北王同頂天侯大人平身、
北王起身問曰、
天父開恩降凡是何教導、女承宣官對曰、
天父聖旨、命
東王與
北王同朝官登朝、命
東王將
天父聖旨、啟奏
天王用性要寬、氣要悠揚、又要教導

幼主並恩免
天朝四女師理事等
旨、
天父旨命、令欲登朝矣、
東王遵
北王曰、爾當稟奏
東王說、本軍師到來請候
金安、女承宣卽領命稟奏
東王、
東王曰、

北王既已來到、宜傳進殿、
北王與衆官進殿、跪呼千歲、跪謝
東王恩典曰、今日我們一班弟妹、眞眞好得我
四兄、乃埋牽帶、方得成人、今日
天父開此大恩下凡教導、小弟等實沾恩德靡涯、並天下弟妹
重重更沾
天父之大福矣、
東王曰、
天父眞是勞心、弟與衆官、總要知
天恩可也

北王與衆官對曰、遵
東王金諭、
東王又曰、
天父有
聖旨命我們登朝、吾等當速登朝啟奏忠、即合伺候、
北王與衆官跪呼千歲、請
東王寬心乘輿、
東王亦命
北王與衆朝官、先往
天朝、

北王將到
天朝忽謂 北殿承宣官陳德松曰、爾當急往迎着金輿、
請
東王金諭、或先到朝廳、或直入朝門、承宣領命、飛迎金
輿、傳 東殿僕射遵
東王金意、僕射曰、
東王在輿內安福、不敢驚駕、 北殿承宣聞得
東王安福、遂不敢重請、卽飛回稟報
北王、
北王聽得

東王安福連忙下輿、徒步赶赴途中、卽跪下問曰、

天父勞心下凡、

天父詔曰是也、爾速將金輿、抬至金龍殿前、

北王對曰、遵

天父聖旨、卽急傳命

天朝女官、啟奏

天王、命畢、卽偕丞相及衆官將

東王金輿、抬進朝門、

天王聞女官傳

北王所奏、

天父勞心下凡、亦忙步出二朝門內、迎接

天父、

天父怒

天王曰、秀全爾有過錯、爾知麼、

天王跪下同

北王及朝官一齊對曰、小子知錯、求

天父開恩赦宥、

天父大聲曰、爾知有錯、即杖四十、其時

北王與衆官俯伏地下、一齊哭求

天父開恩赦宥我

主應有之責、小子等願代
天王受杖、
天王曰、諸弟不得逆
天父之旨、
天父開恩教導、爾哥子自當受責、
天父不准所求仍令責杖
天王、
天王對曰、小子遵
旨、即俯伏受杖、
天父詔曰、爾已遵

旨我便不杖爾、但現有石汀蘭楊長妹、當使其各至王府與国

宗一體、安享天福、無用協理

天尊朱九妹兩大小前亦有功、亦准居王府、安享天福、餘皆等

爾清跪奏爾也言畢、

天父回天、

北王及衆官、衛扶、

天王回殿頂天侯員

東王登殿

天王曰、

天父勞心下凡教導、我們小子總要知得

天恩衆宮跪下山呼萬歲皆對曰、遵

旨、

北王稟奏

東王曰、四兄

天父又勞心下凡來

東王喜曰又勞

天父下凡、

天父眞正是勞心多矣、

東王遂啟奏

天王曰適纔

天父、在弟府內下凡、命小弟等登朝啟奏我
主二兄、
天王問曰、清胞
天父有何
聖旨、
東王對曰
天父聖旨命、
二兄要將
幼主時時教導、須要教得好好、使其一言一行、一舉一
動總要合乎準則、不可任其心意所向、譬如

天父降雨之時、

幼主意欲出去遊玩、若任其意遊玩、是必雨淋身濕、卽此一事、就要節制、使其天晴之時、方可遊玩、又言女官在

天朝理事、多有不過之處、

天父又命小弟敢奏我

主二兄、女官若有小過、暫且寬恕、卽使教導、亦要悠然、使他無驚慌之心、譬如鑿池挖塘而論、不比築城作營、若遇天時雨雪霏霏、卽令其暫且休息、以待來日、現下雨雪寒凍、毋用緊挖、如此安慰、彼必寬意樂心、鄉

恩感德、勇於從事、事必易成、前七月間、

天父下凡、改前誠語有曰、君使臣以禮、臣事君以忠、

二兄尚過高天、

天情道理、自然無所不曉、但這爲女官者、本是女流、知識有限、

天情道理、何能十分曉得、間時見、

二兄在殿前、女官面覲

天顏、未免理事不週、致觸

二兄義怒、故此時常驚恐、且爲臣者、在君殿前作事、亦不

甚方便、即如韋正胞弟、而論時在弟府殿前議事、何

有驚恐之心、不敢十分多言、何況女官在

二兄面前乎、
東王又啟奏曰、譬如男官女官、或犯死罪、固是定由我
二兄奏
天法誅戮、以正
天法、以儆後犯、然在小弟細思、其犯人固屬死有餘辜、但恐其
中有些不明不白之冤、若遽殺之、未免有慢、小弟大
胆凡屬男官女官有犯死罪之人、懇求
二兄格外開恩、交付弟等細心嚴審、究問其所以得罪之
原由、若過情有可恕者、即懇
二兄開恩寬赦、若實犯死罪至極無可寬赦者、啟奏、

二兄御照處決、如此庶無不白之冤、而我
二兄之恩威並行、賞罰更爲週密矣、但不知是否、惟懇
二兄開恩詔明
天王詔曰、胞所奏極是、真真
天父愛善惡惡、慈祥審愼之仁心也、爾
兄性本烈、未有胞奏、恐有悞殺、今聽胞奏、不但爾
兄不致有悞殺、後人觀此、亦不敢草率也、自今以後、爾
兄每事、必與胞商酌而後行、使後之爲君者、每事亦效法
乎、尚亦與賢臣商酌而後行、庶不致有悞也、
東王又啟奏曰、此非小弟能想得週到、皆蒙

天父
天兄化心及我
二兄之鴻恩優容也
天王詔曰、胞奏此理甚是、則必記詔以垂教萬世、使萬萬
世爲
主爲臣皆要遵此行爲、庶使
天父好生之心、永遠常昭、而悟照之風、永垂不朽、
東王對曰、此乃
二兄明德立於永遠、法式眞爲美也
東王又諭衆官曰爾等爲官者凡遇下官有事到案敬

稟、或是或非、且隨他直稟明白、切不可半途之中見他有不合之處、卽大聲罵他、致他心無定見、常多驚恐卽有錯處、亦須待他言畢、悠然教導、不然恐他自後卽有合理之處、其亦不敢來稟也、

天王降旨詔衆官曰、爾爲官者、須知爾東王所言、卽是天父所言也、爾等皆當欽遵、衆官對曰、遵旨、

天王又詔北王曰、

兄要遵

天父聖旨杖責、方合道理

北王對曰、

天父開恩不用杖責、

二兄寬心遵

天父聖旨是也、

東王問

北王曰、

天父下凡、

聖旨如何、

北王對曰、
天父初時卽令杖責
二兄、後因
二兄遵
旨、
天父卽開恩不杖、
東王啟奏曰、求
二兄寬心、
天父已經開恩、
二兄遵

天父聖旨無用杖責便是也

天王曰、我轉高天之時、天亞爺之性還過烈也、總是天亞爺有海底量、今日天父勞心下凡、命杖責爾

二兄者因爾、二兄肚量狹隘之過、從前爾兄轉天之時、妖魔侵倘天庭、天父還容得他過、命我暫且容他、他服便罷、何況今日女官有

些小過節、令杖責、非是狹而何、

東王對曰、

二兄性格乃是

天父生成、子肖

父性、非是小也、

二兄寬懷、坐享

天国萬壽無疆者也、奏畢、

東王

北王偕衆官跪下、山呼

萬歲、奏

旨退朝，退出朝門，
北王與衆官，郎送
東王回府，回至府內，
東王昇殿，衆官跪呼千歲畢，
東王諭衆官曰，本軍師今日將
天父聖旨，啟奏我
主二兄，未知是否，
北王與衆官對曰，
東王所奏者，乃奉
天父聖旨，皆合

天心無有不是者也
東王又曰爾等爲官凡尊者有不合爾爲卑者要直禀
不妨即如　本軍師有錯爾等亦要直禀奏也衆官
對曰遵令
北王偕衆官跪呼千歲請
東王回内殿安福即偕衆官出府各令回衙
北王亦回府矣
二十二日
東王因
天父下凡在

天朝欲令杖責
天王自回府後、細思
天父之所以教導
天王者、正是教導天下萬國臣民也、我們爲弟者正當登
朝請安勸慰、
二兄寬心安福方合
天情道理、立意已定、即令承宣官、飛馬禀報
北王及頂天侯要去登朝又令女官登樓鳴伺候號令
鑼三陣凡理　東府事務之官員、及與官執事人等
一齊到　東府門前伺候

東王立時坐殿各官進殿跪呼千歲
東王即諭衆官曰我
天王爲天下萬國之
眞主前二十日、
天父勞心下凡、教導
天王即是教導我們、及天下萬國之弟妹也、我等固蒙
天父教導、即天下萬國亦皆同沾
天恩、但前日
天父教導
天王而

天王之心雖未嘗不歡懷、但我們爲弟爲臣者須要各盡
其道、譬如凡情、爲長兄者被父母責罵、爲弟者還要
去兄面前勸解、何況我們
天王、乃是萬國
眞主、蒙
天父勞心下凡欲令杖責竟不到
天王面前請寬心安福乎　本軍師昨日、意欲登朝、請
天王御安、因
天父勞心下凡、故身體十分困倦、致未果行、今欲登朝、爾衆官
以爲何如、其時天官又副丞相曾釗揚秋官又正丞

相盧賢拔對曰、此種道理、非蒙
東王教導、卑職等實想不到也、求
東王赦卑職等不曉事
主之罪、
東王曰衆官無罪、
天情道理、不怪爾不曉得、據爾等以爲登朝勸慰
天王爲是、卽便登朝可也、遂登輦而去、及至朝門時、朝儀
等官跪迎
金駕、
東王乃諭朝儀官、黄期陞曰、爾爲朝儀、諒熟

天情道理，前日
天父下凡，教導
天王，即是教導我們，不過
天父聖意，將
天王一人教導，以爲我們天下臣民法則也，爾等要知
本軍師今特來登朝，恭請
御安，求
天王寬心安福，爾要傳令衆朝官，皆要具本章，來請
天王
御安，方合道理，嘗如人情，兄被父責，弟不勸慰兄心

豈是爲弟之道乎爾可將此道理宣與衆官知之黄
期陞對曰遵
東王教導卑職遵令、
東王曰非本軍師教導爾等、黄乃
天父
天兄化醒本軍師之心使然也爾可將此道理傳諭各官毋
謂本軍師教導可也黄期陞對曰遵令不一時、
天王坐金殿擂鼓啟朝門、
東王、
北王及頂天侯登殿山呼萬歲、

天王御詔曰、清胞登朝、有何政事啟奏、
東王對曰、小弟特請
二兄御安、
天王詔曰、兄體安康、又詔
東王坐、
東王謝坐、啟奏曰、小弟見昨日
天父如此勞心下凡、教導雖是教導
二兄、實是教導天下萬國、我們一班弟妹也、皆由我們為弟妹有
過、故
天父欲教導

二兄以爲天下弟妹法則也、

天王詔曰、儞

二兄果然有錯處始操勞

天父下凡教導也、

北王對曰、

二兄無錯總是我們爲弟之錯

東王即求

天王赦罪、廼直啟奏曰、

二兄亦有些錯何也哉

天父

天兄開如此大恩差我
二兄爲天下萬國
眞主實應化導天下萬國人民、個個合得
天父之心至
二兄行爲、有些未合、固是
二兄之過、就是天下人民、未能盡合
天心致累
二兄有些小之過也、然不獨天下人民、累
二兄有些小之過、卽弟亦累
二兄成此些小之過、以此推之、

二兄本無過其過仍在小弟也、何也、
二兄有些想不到之事、我們爲弟者、卽要想明議定、登朝
啟奏、方是我們爲弟爲臣之道、昔人云、忠焉能勿誨乎、何況我們今日荷蒙
天父
天兄開列如此大恩、我
二兄爲君、我們小弟爲臣、反不如成語之親切乎、如遇我
二兄有未經細想之事、弟卽宜事事想明、議定啟奏、方合我們爲臣爲弟、忠君敬兄之道、至若爲君者有不明之處、君則詔臣登朝叅議、議定詔准施行、臣有不明

之處臣則啟奏請訓於君、君則降旨施行、如此方合
爲君爲臣之道、今小弟未盡厥職、正是小弟爲臣之
過也、
天王曰、清胞爾所奏者、件件皆合
天情、真真得
天父
天兄、及爾
二兄之心也、
東王對曰、小弟所見、實未合宜、此乃
二兄過譽、

天父化心、所致也
於是又敢奏曰、觀前日
天父下凡、開恩教導
二兄發令杖責此更見
天父是
眞神、
二兄是
眞主、
神爺教眞子、絲毫無隱、爲萬世法則、使我
二兄教導

幼主由
幼主以至萬萬世皆知道
天父教我
二兄之道、如此式法也、況我
主二兄、曾經尙遇高天、得蒙
天父親自一一教過、然後始差下凡、爲天下萬國
眞主、今日倘且有錯、還要勞
天父下凡教導、何況我
幼主年輕、未知人性、尙屬嬰孩、今將
天父所賜景物、戲弄破壞、則可、至若旣知人性、將來

天父賜來寶物甚多、若是任其心性、把來故意戲弄破爛、則不可務要其體念物力維艱、爲天下法則、成語云節用而愛民、由此而推、可至萬世萬萬世、爲慈父教其子、忠臣諫其君之法則也、諺云木從繩而得直、君從諫而得正、是故君有未明、良臣啟奏、君則當從、臣理君事、亦必先啟奏始行、如此則君臣同德、尚下一心、斟酌盡善、斷無後悔、洵爲萬世良法也、

天王曰、兄今日聽淸胞所奏、眞是言言金玉、字字珠璣、誠爲啟朕心、沃朕心之良弟良臣也、

東王對曰、此非小弟之良、皆托賴

天父之權能也

天王見

東王如此啟奏極為欣慰歡喜遂降

詔旨命設

御宴恩賜

東王

北王及頂天侯同沐

天父鴻恩

天王詔曰頂天侯爾今日得在金龍殿內坐宴是

天父大開

天恩與爾者也朕同胞等皆是親承
帝命下凡頂
天父
天兄綱常者以理而論惟朕及胞等始可在此金龍殿設宴
者至
幼主以後皆不准人臣在金龍殿食宴設者臣有功者
欲賜宴以獎其功止准賜宴于朝廳斷不准在金龍
殿內君臣同宴以肅體統也此一事極爲關係當記
詔以垂永遠也頂天侯即跪謝
天恩敬聆

御旨、

東王聆

旨畢、對曰、

二兄詔得極是、必如此、方可爲萬世永遠儀則也、

東王又啟奏曰、語云、君使臣以禮、臣事君以忠、凡臣下食天之祿、忠君之事、固分所當然、然臣旣有功、則君卽當優養體卹、憐憫下忱、常加恩典、以奬其功、卽如

今

天嫂、及弟等府之女官、理

天事者甚哲、且不是功臣忠臣之妻、卽是功臣忠臣之母、或則

有稚子、或則有哀姑、或則有立功之丈夫、彼爲臣者、既能舍其家而顧国、国爾而忘家、公爾而忘私、則爲君者、自當體彼一念之忠忱、或准其一月而半、歸其家省視、或准其三十日、或二十日、歸其家省視、或准其一二禮拜日、排班輪流而歸其家省視、以哺其稚子、以侍其哀姑、或以事其丈夫、使彼亦得盡其先顧国後顧家之誼、且又如今娘娘甚多、其位尊、其權重、斷非女官之有意所敢抗、然或有不得意於娘娘者、或多加譏謫之詞、倘不准女官啟奏、則冤抑無由而伸、此又宜准其女官啟奏、

二兄方行主斷則曲直自見也、此君使臣以禮之一道也、
又如宮城内有修整宮殿、挖地築城、或打掃禁苑、必
需女官操作其事、但止可降
旨如何布置、切不可
御目常注、督其操作、蓋
天威咫尺、
御駕巡行之地、每爲人之所敬畏、故寧可任其佈置、方克
有成、若親督其操作、反不能成功也、此又一君使臣
以禮之道也、人主既以如此推恩之禮、以待其臣、則
爲臣者、寧不愈加感激、以忠其君乎、推之待女官加

此待男官亦然設使出師者必要憐其在外辛苦枕戈而眠冒雪而征君旣體恤臣下臣下必自効其忠

答報

主恩也此君使臣以禮臣事君以忠之明驗也至若閨門

爲

王化之始宮中爲出治之原故明明德於天下者必先治其国而欲治其国者必先齊其家今蒙

天父開恩娘娘甚衆天金亦多固不可專聽娘娘之詞而不容

天金啟奏亦不可專聽天金之言而不容娘娘啟奏

凡有事故必准其兩人啟奏明白然後

二兄將其兩人啟奏之詞從中推情度理方能得其或是
或非不至有一偏之情也又娘娘服事我
二兄固乃本分但其中未免有觸怒我
主二兄
二兄務必從寬教導不可用靴頭擊踢若用靴擊踢恐娘
娘身有喜事致悞
天父好生且娘娘或身有喜事者須開恩免其服事另擇一宮
園准其休息但使早晚朝見亦可如此處待方為合
體倘此娘娘仍有小過觸怒我
主亦當免其杖責嚴加教導使勿再犯便得卽或忤

旨大罪亦必待其分娩生後乃可治罪也

天王讚曰清胞所言真齊家治国平治天下之藥石要論也

東王又啟奏曰適纔小弟所言君有想不到之處皆要從頭臣啟奏人君所以有想不到之處皆由爲弟爲臣者不能因其心中當然之理想得明明議得定定來啟奏之故也即如龍一事前時我

二兄概貶爲妖此必是

二兄誅妖心急而概貶之也據小弟意見或是寶貝龍方是龍故金龍殿用之服飾器件用之其餘東海老蛇

及一切蛇妖、迷懞人靈者、方是妖也、

天王曰、清胞所言是也、當前

天兄耶穌下降平在山諭爾

兄曰、龍是妖爾

兄又問

天兄曰、金龍殿之龍是妖否、

天兄曰、金龍殿之龍是大寶也、非妖也、今奉

天兄所言寶貝龍實是龍寶、非妖、其餘東海老蛇、即是紅眼

睛、凡間人所稱閻羅妖、及一概蛇妖、迷害人靈者名

爲龍、實是妖也、當前爾

兄昇天時、曾見有大金龍結成天倚金龍殿也、又替歲到

漢陽將鑄

金璽金龍頭爾、

兄曾夢見有一金龍来朝、此可見寶貝龍是龍、而非妖也、

今而後、

天国

天朝所刻之龍、盡是寶貝金龍、不用射眼也、

東王

北王對曰、遵

旨、

天王詔曰前日胞等具本啟奏言現下
天父賜得綢帛不甚過多、不知胞等袍服足用否、如不足用、爾
二兄宮中、袍服既足、發出些與胞等共穿也、
東王對曰小弟等既蒙
天恩及
二兄鴻恩、賜得亦有、不用發出也、
天王詔曰、現今爾
二兄之袍服既足、不用縫先、
北王啟奏曰、
二兄爲天下萬國

眞王宮有四海、袍服雖足、亦要時時縫來、

東王啟奏曰、求

二兄赦小弟之罪、容小弟直言啟奏、袍裳若是不足、方要

多縫、若云既足、綫些再縫、方見

二兄節用愛人之德、正弟又何啟奏、要時時縫也、

天王讚曰、清胞眞是古之所謂骨鯁之臣、正胞爾雖是愛

兄之心誠、終不若清胞直言無隱、更爲可嘉也、自後在爾

幼主之世、凡爲臣者、皆當如清胞今日之直言、方盡爲

臣之道也、

東王對曰、小弟雖是爲爲臣者法、但後日

幼主以後、亦要法我

二兄海底之量、能受臣直諫、方盡爲君之道也、自古以來

爲君者常多恃其氣性、不納臣諫、往往以得力之忠

臣、一旦怒而候殺之、致使国政多乖、悔之晚矣、

天王讚曰、清胞所奏、件件皆是金玉藥石之論、事事皆是

至情至理之言、洵爲萬世之典章也、前

天兄耶穌奏

天父上帝命降生猶大国、嘗諭門徒曰、後日有勸慰師臨世、爾

二

兄觀今日清胞所奏、及觀胞所行爲、前

天兄所說勸慰師聖神風即是胞也、

東王對曰非弟能以藥石進

二兄、實

二兄能從諫如流也、歷代迄今、豈無直諫之臣、要在其君

之能納不能納耳

二兄欲以弟言爲萬世法、惟願萬世之主、自

幼主始、皆如我

二兄納諫如流之、

英主則於萬斯年受

天之祜矣、言畢、

北王頂天侯山呼
萬歲、請
天王寬心安福、謝宴出朝、
北王頂天侯及　東殿各官、擁護隨侍
東王回府昇殿衆官跪呼千歲畢
東王謂
北王及頂天侯曰、爾
四兄今日啟奏之事、似有冒瀆之罪、幸得
二兄海底之量恩赦我們也、
北王對曰、

四兄所奏、句句都是
天情
天理、正是立
天国萬萬年之基業、爲後世萬代君臣式法也、請
四兄寬心、
東王又謂衆官曰、今蒙
天父大開
天恩差
天王爲萬國
眞主、又差我們一班弟妹爲輔助、各各總要眞心、秉正全

輔朝綱以邀
天眷也、衆官對曰遵
東王教導、諭畢、
北王同衆官跪呼千歲請
東王寬心安福、
東王亦命
北王回府、暨各官回衙勤理
天事也、

太平天國癸好三年新曆

太平天國癸好三年（一八五三）刻本

太平天囯癸好三年新曆
頒行
天下

旨准頒行詔書總目

詔書總目

太平條規

頒行詔書

頒行曆書

三字經

幼學詩

旨準頒行共有十四部

太平天國

前導副軍師南王馮

禾乃師贖病主左輔正軍師東王楊

右弼又正軍師西王蕭

後護又副軍師北王韋

督率各軍主將翼王石

伏奏我

主我兄天王萬歲萬歲萬萬歲為治曆定時事當今

天父上主皇上帝開大恩差我

癸好三年

主降凡為天下

太平主真是

太平天日平勻圓滿無二此虧缺也故臣等造曆以

三百六十六日為一年單月三十一日雙月三十

日　立春　清明　芒種　立秋　寒露　大雪

俱十六日餘俱十五日哉

天朝天国永遠江山萬萬年無有窮盡乃是

天父上主皇上帝差遣我

主降凡旨意也其餘從前曆書一切邪說歪例皆

妖魔詭計迷陷世人臣等盡行刪除蓋年月日時
皆是
天父排定年年是吉是良月月是吉是良日日時時亦總
是吉是良何有好歹何用揀擇凡人果能真心虔
敬
天父上主皇上帝有天看顧隨時行事皆大吉大昌也今
臣等造曆既成謹獻我
王萬歲萬歲萬萬歲作主頒行

御批 准

奏

旨遣癸好三年新曆頒行天下

正月建 甲寅斗宿

初一壬寅牛 立春

初二癸卯女

初三甲辰虛 禮拜

初四乙巳危

初五丙午室

初六丁未壁

初七戊申奎

初八己酉婁

初九庚戌胃

初十辛開昴　禮拜

十一壬子畢

十二癸好觜

十三甲寅參

十四乙榮井

十五丙辰鬼

十六丁巳柳
十七戊午星　雨水禮拜
十八己未張
十九庚申翼
二十辛酉軫
二十一壬戌角
二十二癸開亢
二十三甲子氐

正月

二十四乙好房　禮拜

二十五丙寅心

二十六丁榮尾

二十七戊辰箕

二十八己巳斗

二十九庚午牛

三十辛未女

三十一壬申虛　禮拜

三月建乙榮汝宿

初一癸酉危　驚蟄

初二甲戌室

初三乙開壁

初四丙子奎

初五丁好婁

初六戊寅胃

初七巳榮昴　禮拜

二月　癸好三年　三

二月

初八庚辰畢

初九辛巳觜

初十壬午参

十一癸未井

十二甲申魁

十三乙酉柳

十四丙戌星

禮拜

十五丁開張

十六戊子翼　春分
十七己丑參
十八庚寅角
十九辛卯亢
二十壬辰氐
二十一癸巳房　禮拜
二十二甲午心
二十三乙未尾

二十四丙申箕
二十五丁酉斗
二十六戊戌牛
二十七己開女
二十八庚子虛　禮拜
二十九辛好危
三十壬寅室
三月建丙辰虛俗

初一癸榮璧　清明

初二甲辰奎

初三乙巳婁

初四丙午胃

初五丁未昴　禮拜

初六戊申畢

初七己酉觜

初八庚戌参

初九辛開井

初十壬子魁

十一癸好柳

十二甲寅星　禮拜

十三乙榮張

十四丙辰翼

十五丁巳軫

十六戊午角

十七己未亢　谷雨
十八庚申氐
十九辛酉房　禮拜
二十壬戌心
二十一癸開尾
二十二甲子箕
二十三乙好斗
二十四丙寅牛

二十五丁榮女

二十六戊辰虛　禮拜

二十七己巳危

二十八庚午室

二十九辛未壁

三十壬申奎

三十一癸酉婁

四月建丁巳危宿

初一甲戌胃　立夏
初二乙開昴　禮拜
初三丙子畢
初四丁好觜
初五戊寅參
初六己榮井
初七庚辰魁
初八辛已柳

四月

初九壬午星　禮拜

初十癸未張

十一甲申翼

十二乙酉軫

十三丙戌角

十四丁亥亢

十五戊子氐

十六己丑房　小滿　禮拜

十七庚寅心

十八辛卯尾

十九壬辰箕

二十癸巳斗

二十一甲午牛

二十二乙未女

二十三丙申虛　禮拜

二十四丁酉危

四月

二十五戊戌室

二十六己開璧

二十七庚子奎

二十八辛好婁

二十九壬寅胃

三十癸榮昴　禮拜

五月建戊午室宿

初一甲辰畢　栽種

初二乙巳觜
初三丙午參
初四丁未井
初五戊申鬼
初六己酉柳
初七庚戌星

禮拜

初八辛開張
初九壬子翼

五月

初十癸丑軫

十一甲寅角

十二乙卯亢

十三丙辰氐

十四丁巳房　禮拜

十五戊午心

十六己未尾

十七庚申箕　夏至

十八辛酉斗

十九壬戌牛

二十癸開女

二十一甲子虛

禮拜

二十二乙好危

二十三丙寅室

二十四丁榮壁

二十五戊辰奎

五月

癸好三年

千

二十六己巳婁

二十七庚午胃

二十八辛未昴　禮拜

二十九壬申畢

三十癸酉觜

三十一甲戌參

六月建己未壁宿

初一乙開井　小暑

初二丙子魁
初三丁好柳
初四戊寅星
初五己榮張　禮拜
初六庚辰翼
初七辛巳軫
初八壬午角
初九癸未亢

初十甲申氐

十一乙酉房

十二丙戌星

十三丁開屋

十四戊子箕

十五已好斗

十六庚寅牛

十七辛榮女

十八壬辰虛　禮拜
十九癸巳危
二十甲午室
二十一乙未壁
二十二丙申奎
二十三丁酉婁
二十四戊戌胃
二十五己亥昴　禮拜

六月

二十六庚子畢

二十七辛好觜

二十八壬寅參

二十九癸榮井

三十甲辰鬼

七月建庚申奎宿

初一乙巳柳　立秋

初二丙午星　禮拜

初三丁未張

初四戊申翼

初五己酉軫

初六庚戌角

初七辛開亢

初八壬子氐

初九癸好房　禮拜

初十甲寅心

七月　癸好三年

十三

十一乙榮昴
十二丙辰箕
十三丁巳斗
十四戊午牛
十五己未女
十六庚申虚
十七辛酉危
十八壬戌室

禮拜
處暑

十九癸開壁

二十甲子奎

二十一乙好婁

二十二丙寅胃

二十三丁榮昴　禮拜

二十四戊辰畢

二十五己巳觜

二十六庚午參

二十七辛未井

二十八壬申鬼

二十九癸酉柳

三十甲戌星　　　禮拜

三十一乙開張

八月建辛酉婁宿

初一丙子翼　　　白露

初二丁好軫

初三戊寅角
初四己榮亢
初五庚辰氐
初六辛巳房　禮拜
初七壬午心
初八癸未尾
初九甲申箕
初十乙酉斗

十一丙戌牛
十二丁亥女
十三戊子虛　禮拜
十四己丑危
十五庚寅室
十六辛卯壁　秋分
十七壬辰奎
十八癸巳婁

十九甲午胃

二十乙未昴　禮拜

二十一丙申畢

二十二丁酉觜

二十三戊戌參

二十四己開井

二十五庚子魁

二十六辛好柳

二十七壬寅星　禮拜
二十八癸榮張
二十九甲辰翼
三十乙巳軫
九月建　壬戌胃宿
初一丙午角　寒露
初二丁未亢
初三戊申氐

初四己酉房 禮拜
初五庚戌心
初六辛開尾
初七壬子箕
初八癸好斗
初九甲寅牛
初十乙榮女
十一丙辰虛 禮拜

十二丁巳危
十三戊午室
十四己未壁
十五庚申奎
十六辛酉婁
十七壬戌胃　霜降
十八癸亥昴　禮拜
十九甲子畢

二十乙好觜

二十一丙寅參

二十二丁榮井

二十三戊辰鬼

二十四己巳柳

二十五庚午星 禮拜

二十六辛未張

二十七壬申翼

癸好三年

二十八癸酉軫
二十九甲戌角
三十乙開亢
三十一丙子氐
十月建癸開昴宿
初一丁好房　立冬　禮拜
初二戊寅心
初三己檠尾

初四庚辰箕
初五辛巳斗
初六壬午牛
初七癸未女
初八甲申虚　　禮拜
初九乙酉危
初十丙戌室
十一丁亥壁

十月
十二戊子奎
十三己好婁
十四庚寅胃
十五辛槃昴
禮拜
十六壬辰畢
小雪
十七癸巳觜
十八甲午参
十九乙未井

二十丙申魁
二十一丁酉柳
二十二戊戌星　禮拜
二十三己開張
二十四庚子翼
二十五辛好軫
二十六壬寅角
二十七癸榮亢

癸好三年

二十八甲辰氐

二十九乙巳房　禮拜

三十丙午心

十一月建甲子畢宿

初一丁未尾　大雪

初二戊申箕

初三己酉斗

初四庚戌牛

初五辛開女

初六壬子虛　禮拜

初七癸好危

初八甲寅室

初九乙榮壁

初十丙辰奎

十一丁巳婁

十二戊午胃

十三己未昴　禮拜
十四庚申畢
十五辛酉觜
十六壬戌參
十七癸開井　冬至
十八甲子鬼
十九乙好柳
二十丙寅星　禮拜

二十一丁榮張

二十二戊辰翼

二十三己巳軫

二十四庚午角

二十五辛未亢

二十六壬申氐

二十七癸酉房 禮拜

二十八甲戌心

二十九乙開尾

三十丙子箕

三十一丁好斗

十二月建乙好猪宫

初一戊寅牛　小寒

初二己榮女

初三庚辰虛　禮拜

初四辛巳危

初五壬午室
初六癸未壁
初七甲申奎
初八乙酉婁
初九丙戌胃
初十丁開昴　禮拜
十一戊子畢
十二己好觜

十三庚寅参

十四辛卯井

十五壬辰鬼

十六癸巳柳　大寒

十七甲午星　禮拜

十八乙未張

十九丙申翼

二十丁酉軫

二十一戊戌角
二十二已開亢
二十三庚子氐
二十四辛好房　禮拜
二十五壬寅心
二十六癸榮尾
二十七甲辰箕
二十八乙巳斗

癸好三年

二十九丙午生

三十丁未女

太平天國甲寅四年新曆

太平天國甲寅四年（一八五四）刻本

太平天囯甲寅四年新曆
頒行
天下

旨准頒行詔書總目

詔書總目

旨准頒行共有貳拾部

太平天国

前導副軍師南王馮
勸慰師聖神風禾乃師贖病主左輔正軍師東王楊
右弼又正軍師西王蕭
後護又副軍師北王韋
暨左軍主將翼王石
伏奏我
天父上主皇上帝開大恩差我
主我兄天王萬歲萬歲萬萬歲為治曆定時事當今

主降凡爲天下
太平主眞是
太平天日平勻圓滿無一些虧缺也故臣等造曆以
三百六十六日爲一年單月三十一日雙月三十
日 立春 清明 芒種 立秋 寒露 大雪
俱十六日餘俱十五日我
天朝天国永遠江山萬萬年無有窮盡乃是
天父上主皇上帝差遣我

三王降凡吉意也其餘從前曆書一切邪說歪例皆是
妖魔詭計迷陷世人臣等盡行删除蓋年月日時
皆是
天父排定年年是吉是良月月是吉是良日日時時亦總
是吉是良何有好歹何用揀擇凡大家能眞心虔
敬
天父上主皇上帝有天看顧隨時行事皆大吉大昌也今
臣等造曆既成謹獻我

主萬歲萬歲萬萬歲作主頒行

御批准

奏

旨造甲寅四年新曆頒行天下

正月建　丙寅參宿

初一戊申虛　立春禮拜

初二己酉危

初三庚戌室

初四辛開壁

初五壬子奎

初六癸好婁

初七甲寅胃

正月　甲寅四年　三

初八乙榮昴　禮拜

初九丙辰畢

初十丁巳觜

十一戊午參

十二己未井

十三庚申魁

十四辛酉梛

十五壬戌星　禮拜

十六癸開張

十七甲子翼　雨水

十八乙好軫

十九丙寅角

二十丁滎亢

二十一戊辰氐

二十二巳巳房　禮拜

二十三庚午心

正月　甲寅四序　四

二十四辛未尾
二十五壬申箕
二十六癸酉斗
二十七甲戌牛
二十八乙開女
二十九丙子虛　禮拜
三十丁好危
三十一戊寅室

二月建　丁榮井宿

初一己榮壁　驚蟄

初二庚辰奎

初三辛巳婁

初四壬午胃

初五癸未昴　禮拜

初六甲申畢

初七乙酉觜

三月　甲寅四年

初八丙戌參

初九丁開井

初十戊子魁

十一已好柳

十二庚寅星　禮拜

十三辛榮張

十四壬辰翼

十五癸巳軫

十六甲午角　春分
十七乙未亢
十八丙申氐
十九丁酉房　禮拜
二十戊戌心
二十一己開尾
二十二庚子箕
二十三辛好斗

二十四壬寅牛

二十五癸卯女

二十六甲辰虛　禮拜

二十七乙巳危

二十八丙午室

二十九丁未壁

三十戊申奎

三月建　戊辰魁宿

初一巳酉婁　菁明

初二庚戌胃

初三辛開昴　禮拜

初四壬子畢

初五癸好觜

初六甲寅參

初七乙榮井

初八丙辰魁
初九丁巳柳
初十戊午星　禮拜
十一己未張
十二庚申翼
十三辛酉軫
十四壬戌角
十五癸亥亢

十六甲子氐
十七乙好房　穀雨　禮拜
十八丙寅心
十九丁縈尾
二十戊辰箕
二十一巳巳斗
二十二庚午牛
二十三辛未女

三月　甲寅四年　八

二十四壬申虛　禮拜

二十五癸酉危

二十六甲戌室

二十七乙開壁

二十八丙子奎

二十九丁好婁

三十戊寅胃

三十一己榮昴　禮拜

四月建　己巳柳宿

初一庚辰畢　立夏

初二辛巳觜

初三壬午参

初四癸未井

初五甲申鬼

初六乙酉柳

初七丙戌星　禮拜

初八丁開張
初九戊子翼
初十己好軫
十一庚寅角
十二辛榮亢
十三壬辰氐
十四癸巳房　禮拜
十五甲午心

十六乙未尾　小滿
十七丙申箕
十八丁酉斗
十九戊戌牛
二十已開女
二十一庚子虛　禮拜
二十二辛好危
二十三壬寅室

二十四癸𡚁壁
二十五甲辰奎
二十六乙巳婁
二十七丙午胃
二十八丁未昴
禮拜
二十九戊申畢
三十己酉觜

五月建 庚午星宿

初一庚戌參 芒種

初二辛開井

初三壬子魁

初四癸好桃

初五甲寅星 禮拜

初六乙榮張

初七丙辰翼

初八丁巳軫
初九戊午角
初十己未亢
十一庚申氐
十二辛酉房　禮拜
十三壬戌心
十四癸開尾　Monday 19 June
十五甲子箕

十六乙好斗
十七丙寅牛　夏至
十八丁榮女
十九戊辰虛　禮拜
二十己巳危
二十一庚午室
二十二辛未壁
二十三壬申奎

五月　甲寅四年

二十四癸酉婁

二十五甲戌胃

二十六乙開昴　禮拜

二十七丙子畢

二十八丁好觜

二十九戊寅參

三十巳榮井

三十一庚辰魁

六月建　辛未張宿

初一辛巳柳　小暑

初二壬午星　禮拜

初三癸未張

初四甲申翼

初五乙酉軫

初六丙戌角

初七丁開亢

初八戊子氐

初九己好房　禮拜

初十庚寅心

十一辛榮尾

十二壬辰箕

十三癸巳斗

十四甲午牛

十五乙未女

十六丙申虛　大暑　禮拜

十七丁酉危

十八戊戌室

十九已開壁

二十庚子奎

二十一辛好婁

二十二壬寅胃

二十三癸榮昴　禮拜

六月　甲寅四年

二十四甲辰畢

二十五乙巳觜

二十六丙午參

二十七丁未井

二十八戊申魁

二十九己酉柳

三十庚戌星　禮拜

七月建　壬申翼宿

初一辛開張　立秋

初二壬子翼

初三癸好軫

初四甲寅角

初五乙桊亢

初六丙辰氐

初七丁巳房　禮拜

七月　甲寅四年　五

初八戊午心

初九己未尾

初十庚申箕

十一辛酉斗

十二壬戌牛

十三癸開女

十四甲子虛　禮拜

十五乙好危

十六丙寅室

十七丁榮壁　處暑

十八戊辰奎

十九己巳婁

二十庚午胃

二十一辛未昴　禮拜

二十二壬申畢

二十三癸酉觜

二十四甲戌參
二十五乙開井
二十六丙子魁
二十七丁好柳
二十八戊寅星　　禮拜
二十九已榮張
三十庚辰翼
三十一辛巳軫

八月建　癸酉軫宿

初一壬午角　白露

初二癸未亢

初三甲申氐

初四乙酉房　禮拜

初五丙戌心

初六丁開尾

初七戊子箕

初八己丑斗
初九庚寅牛
初十辛卯女
十一壬辰虛　禮拜
十二癸巳危
十三甲午室
十四乙未壁
十五丙申奎

十六丁酉婁　秋分

十七戊戌胃

十八己開昴　禮拜

十九庚子畢

二十辛好觜

二十一壬寅參

二十二癸榮井

二十三甲辰魁

二十四乙巳柳

二十五丙午星　禮拜

二十六丁未張

二十七戊申翼

二十八己酉軫

二十九庚戌角

三十辛開亢

九月建　甲戌角宿

初一壬子氐　寒露

初二癸好房　禮拜

初三甲寅心

初四乙榮尾

初五丙辰箕

初六丁巳斗

初七戊午牛

九月　甲寅四年　五

初八己未女

初九庚申虚　禮拜

初十辛酉危

十一壬戌室

十二癸開壁

十三甲子奎

十四乙好婁

十五丙寅胃

十六丁榮昴 禮拜
十七戊辰畢 霜降
十八己巳觜
十九庚午參
二十辛未井
二十一壬申鬼
二十二癸酉柳
二十三甲戌星 禮拜

二十四乙開張

二十五丙子翼

二十六丁好軫

二十七戊寅角

二十八己榮亢

二十九庚辰氐

三十辛巳房　禮拜

三十一壬午心

十月建　乙開亢宿

初一癸未尾　立冬

初二甲申箕

初三乙酉斗

初四丙戌牛

初五丁開女

初六戊子虛　禮拜

初七己好危

初八庚寅室
初九辛卯壁
初十壬辰奎
十一癸巳婁
十二甲午胃
十三乙未昴　禮拜
十四丙申畢
十五丁酉觜

十六戊戌參　小雪
十七巳開井
十八庚子魁
十九辛好柳
二十壬寅星　禮拜
二十一癸榮張
二十二甲辰翼
二十三乙巳軫
十月　庚寅四年　三

二十四丙午角

二十五丁未亢

二十六戊申氐

二十七己酉房　禮拜

二十八庚戌心

二十九辛開尾

三十壬子箕

十一月建丙子氐宿

初一癸好斗 大雪

初二甲寅牛

初三乙榮女

初四丙辰虛 禮拜

初五丁已危

初六戊午室

初七已未壁

十一月 甲寅四年 亘

初八庚申奎

初九辛酉婁

初十壬戌胃

十一癸開昴　禮拜

十二甲子畢

十三乙好觜

十四丙寅參

十五丁榮井

十六戊辰魁

十七己巳柳　冬至

十八庚午星　禮拜

十九辛未張

二十壬申翼

二十一癸酉軫

二十二甲戌角

二十三乙開亢

二十四丙子氐

二十五丁丑房　禮拜

二十六戊寅心

二十七己卯尾

二十八庚辰箕

二十九辛巳斗

三十壬午牛

三十一癸未女

十二月建丁好房宿

初一甲申虛　小寒禮拜

初二乙酉危

初三丙戌室

初四丁開壁

初五戊子奎

初六己好婁

初七庚寅胃

初八辛㷗昴　禮拜
初九壬辰畢
初十癸巳觜
十一甲午參
十二乙未井
十三丙申魁
十四丁酉柳
十五戊戌星　禮拜

十六己開張　大寒
十七庚子翼
十八辛好軫
十九壬寅角
二十癸榮亢
二十一甲辰氐
二十二乙巳房　禮拜
二十三丙午心
二月　甲寅四年

二十四丁未尾
二十五戊申箕
二十六己酉斗
二十七庚戌牛
二十八辛開女
二十九壬子虛　禮拜
三十癸好危

天理要論

太平天國甲寅四年(一八五四)刻本

太平天国甲寅四年新刻

天理要論

旨准頒行詔書總目

旨准頒行共有貳拾壹部

○天理要論

有
上帝第一章

○且天地之間、先有
上帝、爲極大權能、造化萬物、管理萬靈者也、

○天有
上帝乃正天理合人心古今賢愚莫之能逆焉、然則豈非有理
哉、

○先有
上帝、後有世人、先有靈、後有物、吾人不能自生、物不能自造、故

惟有
上帝、能生造之者也、
○萬物之生、英花秀麗、天有日月、地有山水、人物禽獸、
各得其所、皆其排列修整齊全無差、以此可見先有
上帝、原造常理、是則可成也、
○若日月之循環、星辰之繁衍、轉動流行、晝夜不止、若
無
上帝扶持管理、則何能如此哉、
○地上衆人生未久卽死、死後其所遺之子孫、不多不
寡、男不多於女、女不多於男、世有盛衰、家有成敗、惟

人常在、其數不絕、誰管此事、使其爲然、豈非

上帝耶、

○草木之生、自根至枝、自枝至葉、外有其皮、內有其心、開花結菓、倘且有用、辟

上帝造之、其能自成乎、

○惟覩禽獸則可知之、能顧子痛兒、尋食爲穴、成陣出遊、復避谷中、其餘蟲類各盡本能、教之如此、非

上帝則誰耶、

○人之身體、亦乃奇然、手足百骨、伍官腹腸、血源千條、髮毛萬枝、目明耳聽、手足動搖、血氣常行、飲食自消、

奇哉巧哉人之身體乎且也萬人有身大概相似惟面各異聲說不同故彼此不認差其天下事亦不亂況父母生之不能主意或男女之善惡皆不先知是則此事自何而定豈非

上帝降生造化而然者哉

○人之靈魂更乃奇然純純微微一條精氣無樣可見無形可看又能思想記念喜怒愛欲七情皆全其無死無敗至千萬年在斯乃靈魂也且靈能生物物不能生靈天地陰陽不離於物則可能生靈父母祖宗只生身不生靈然則此靈自何而來乎故在天有

上帝降下則在地方有人靈不然人生在世靈䰟將何以得之也

上帝出倘使国王私心有司不公人民受枉非

上帝伸寃枉則誰可審明乎○賞善罰惡報應公道由

上帝方可有物旣有○以此言之天有

上帝則人該敬之望其庇佑畏其聖怒也

○且也見有工則知必有工人遇宫室則思惟有所建之者且天地宇宙似如大屋萬物所在焉造此大屋

必有大工、況物越好、其工越大、斯非
上帝則誰乎○
獨有一
上帝第二章
○上文已論天有
上帝、開闢天地、造化萬物、今且再論、是
上帝必權能極大、方可造成此大天地、管理此多人物也、
○曰
上帝極大、則獨一無二、可見矣、凡言極字、不容匹伴、蓋有一極、
不能二極、設有二

上帝乎大則無一極、既無一極、誰造天地耶、
上帝造天地、必在天地之先、而天地受造、必在造者之後、故先
○且
天地者、斯乃
上帝也、且在起初獨一
上帝、最先若有他神更先者、則此
上帝不能最先、而其極大之名廢矣、
○且廣覩天下萬物、皆有其本、人乃人生、草由草發、各
生其類、但其初先一人一草、由何而來耶、豈非有本
乎、此本乃歸

上帝且

上帝無本之元本、無極之太極、自然而然生出萬物、而無所生之者也

○再者萬物各類、只一本足矣、一人既有足生萬人、一草發起萬草、可發、一父足以生闔家子女、一王足以治天下国家、如此可見

天父上帝、足生萬物、獨一

眞神、主宰其中者也

天父上帝則無所不能、欲爲者則爲之、而無能逆焉、如有能逆

而

上帝無奈之何、則
上帝亦非
上帝矣況全能之勢、不能分部、設有二全能者、而彼此相逆、誰
能勝哉、如一位得勝、則彼獨一全能者、若勝負不分、
則無一全能者、然則孰爲天地乎、
○凡物有所賴、人賴天地、天地賴
上帝、設無天地、世人自何而立、假使無
上帝、天地由何而來耶、然則
上帝無所賴也、未有天地、
上帝自有、天地窮盡、

上帝常在、不須有立處、
上帝安居、不用人奉祀、
上帝永活、可見
上帝無所賴也、且無所賴者、獨一無二、
上帝無所賴、而萬物賴
上帝、可見
上帝獨一無二也、
○設有二
上帝、則可有十
上帝、千萬

上帝然則天地、何能容之哉、極大全能之
上帝、安可得無數乎、必乃一
上帝自然而然、萬人所頓、而
上帝之外、別無他主也、
○或有疑曰、旣有一
上帝、因何世人常敬百神、斯理何起耶、曰是非一時使然也、上
古時節、人虛智寡、凡有才能出衆、志氣過人者、未免
有敬有尊也、像先識藥料、開国立基、學文高遠、勇力
過人者、皆待以分外之禮、後世相繼、愈久愈敬、至末
代子孫、封之爲神、服事如天、然此太過、非所宜行、况

骨肉世人、昨日出世、明天過往、不得封爲神、只該敬
其大能依其善樣則可、若拜之如神明則非矣、
○且有人看日月之光、聽霹靂之聲、則想其有神有靈、
而封之雷公雷母、或見海瀾、則表龍妖之名、或過山
巖則稱八仙之號、東西南北皆設神號管理四時節
氣、各分鬼神調治、商客者要一神可奉、則想出聖望
公、治田者要一物可仗、則想出土地公、所以天下有
數邪神也、然則此邪神皆非本有、只人所想、皆無證
驗、天上地下止一
上帝所管六合四季、獨一

上帝持理，即設立邪神，其何能代
上帝保佑人乎。
○論
上帝名第三章
○夫有
上帝，故有其名，使人可知以稱之也。
上帝既大，必有大稱，不然則不合矣。
○大稱之中，莫如天，故稱
上帝者，用天一字可也。
○且怕人看差，以天內爲天，故加一主字更善，若只用

天字意怕不通、獨用主字、稱不足大、惟天主兩字、指最大之神、極靈之天、甚善、以神主稱、
上帝可也、在天地之中、獨
上帝爲主、管理萬物者也、但勿認差、以神主當作世人從妖引入之神主、則爲錯不小矣、

○夫
上帝所遺詔書、此詔多論神情、屢述其名曰、爺火華、意即自然而然常在之
上帝也、然今所之、恐無人識矣、

上主至尊至大至能之稱、天上主宰、獨一無二也、

○但稱

上帝名號、宜然細心思想、不可認錯、若書經所謂

上帝是祇、惟

皇上帝、降衷於下民、敬事

上帝、則是惟邪魔道教所號玉

皇上帝、正月初九有生日者、則錯而又錯矣、但

天主上帝、無生無死、無初無終、乃永遠常有、是故不同耳、

○有人以天地指

上帝、因所見所聞者、若如天地、大盡極善、不可量度、然首上天

雲足踏土地、與此所言

上帝不同、天地有形得見有窮有盡、

上帝在天中無始無終不昇天者不得見之、又天地轉動如器

具所動之者、則

上帝也、

○天地乃受造之物、所造之者、

上帝也、可見天地與

上帝不同、故以天地稱

上帝、又大錯也、

皇天后土、以稱

上帝亦未盡善、因皇及后指男女雙辰、然
上帝獨一
眞神無數目之算、無男女之分、所以此名、切不可用也、
○神明兩字以指
上帝亦不可也、蓋因常人呼神明、是指大伯公、木石偶像、人手
所作者、比造天地萬物之主宰、大不相同矣○
上帝乃靈第四章○
上帝純靈、與物大異、不在萬物之中、不與宇宙相繼、乃全然純
善、無能可廢也、
○物可分小增大、極細可分再細、極大可加更大、惟

上帝精微不可分、廣大無可加、雖欲增大廢小、分釐不得也、

○物有頭尾左右邊角上下、其大可量、其濶可料、其高可算、其遠可度、然

上帝無限無量、無方無向、靡有天敵、賢人尚且不明、常人何能盡知哉、

○物有興廢成敗、國有存亡、地裂山崩、最固甚耐、有時傷敗、惟

上帝常在、永遠不休、千代萬年、不老不死也、

○物不得一時兩所、然

上帝時常鑒觀萬所也、

○又不得一所兩物、然萬所在、同共有
上帝也、
○如是、
上帝與物相對、既論明矣、今且議論
上帝純靈何謂也、
○且靈乃最善、奧微之精氣、明通之神、動、能思想細察、
主張立志、記往推來、彼此分別、東擇所好、西棄所惡、
斯乃所謂之靈也
○天下萬物皆被
上帝所造、故不得自專、有的順服為善靈、有的頑逆為惡鬼、

天靈卽

上帝、無雜於物、又非受造、故獨能自專、清潔純微、極大之靈、主管生民、治理萬衆也、

上帝乃極清之靈、至誠最純之神、他靈常陷事物之中、未免污染軟弱之下、然

上帝能超出事物之外、至尊至貴、無分釐欠缺焉。

上帝造天地、故必乃靈也、蓋物不能自作、木石不能自集成屋、必該有通曉者、思想計策、動手出力、則可成功也、在此亦然、若

上帝非靈、立策致能以造天地、則此萬物、由何能成乎。

上帝純一無參、不分不合、故必爲靈、與物不同、物若分開、可成
數件、數物和合、可爲一物、惟
上帝亦一無二、故
上帝乃靈也、○
上帝無窮無盡、故必爲靈、凡物之大者、亦有限量、洋海最濶、尙
有其涯、天雲甚高、亦有其頂、然
上帝無可度量、故必乃靈也、
○蓋謂
上帝、神靈無二、居坐天中、則敬
上帝者、不可作偶像以表

上帝或奉祭祀以主其靈也蓋靈者
眞神故造老人之樣作武將之態以爲假神而敬之則非也或
只寫神字福字以定神位而敬之亦非也且
眞神在高天主宰非在凡間若設像而拜之錯入妖魔之路中
妖魔之計妖魔則冒神號而騙人間之食矣乃拜神
者該空中屈身精理獨立敬之尊之求其保佑望其
賜福俱免香燭財寶避臭之物只將
上帝造下養人之伍穀牲饌處具心內懷敬口中頌讚斯乃大
禮也至於世俗所用以服事邪神皆爲張樣瞞目而
已君子之人切宜愼之

○論

上帝永在第五章

○盖
上帝常在、無時不有、自永遠至永遠、通於萬古無數之代、無初無終、無生無死也、

○且永遠者、無窮之意也、千年萬年、又千萬年、未到永遠也、設有銅池極窄最細、萬年之久、只出一點水、待至洩盡、何等久哉、然銅池以大海爲之、又使萬年洩出一點、待及流盡、尚未到永遠、乃永遠之年、還在前頭、不缺一些、大哉遠哉、久哉長哉、永遠之年而通此

上帝仍在也、

永年、

○人生在世、只半百歲、朝代之久、惟入百載、自開天到今不過六千年、屈指可算、然而永遠、則無可算焉、出乎數目之外、超乎度量之上、人心所想不到、只

上帝能充滿之、

○永遠有二、先一後一、過往已有無窮之年、未來將有無盡之載、

上帝之生活、通徹此二者、自先之永遠、至後之永遠、

上帝常立也、

○物有初有終、似草木禽獸、其初可記想、及其到終可
立而待也、靈有初無終、萬物之靈、皆
天主所造、則有其初、惟不得毀亡、則其無終、至於
上帝、自永遠常在、最永遠必有、則無初無終也、
○天地萬物、非自永遠、乃被造化、則有起初、惟
上帝永遠自然而然、則無起初也、設
上帝有起初、則有所生、
上帝有所生、則請問生之者誰耶、誰能生
上帝、爲
上帝父母耶、設有能生

上帝者、則彼乃

上帝、而此非

上帝矣、因由祂而生者、必服其統轄也、故

上帝無所生、

上帝既無所生、亦無本末、乃永遠常在、自然之神也、

○天地萬物不到永遠、乃將窮盡、則有所終、惟

上帝到永遠、不窮不盡、則無所終矣、設

上帝有終、則有死亡、

上帝有死亡、請問能致

上帝於死亡者、誰耶、誰能毀傷

上帝與
上帝爲仇讎耶、設有能毀亡
上帝者、則彼乃
上帝、而此非
上帝矣、蓋由他而傷亡者、必服其力也、然而
上帝無胾無終、永遠常在、自然而然之神也、
○且
上帝永有、則無年紀、無歲數也、倘若有之、請問其畧、或千年萬年、或千萬億年、想必有定數、若以萬年限之、則那萬年之先、有何物呢、而先那所有之物、有幾多年紀乎、

或亦有物、其所由來者、請問其所由來之物、亦有幾歲呢、此問既答、還有千問萬問、所不能答、然則可認

上帝、永在此論、若識透此理、諸疑自解矣。

上帝之永年、出乎千萬之上、超乎諸數之外、無多無寡、無先無後、人生自一至十、自十至百、多一日則老一日、多一年則老一年、然在

上帝、一日如千年、千年如一日、此道奧微、誰能量度耶、

○世人常流變動、無時一然、惟

上帝安靜如常、無時不然、人之年紀、比之河水、日日狂流、時刻改變、今日之水、非昨日所流者、又明日復有他水將

來也、但
上帝之永遠、比之河旁之石、任水狂流、自安不動、昨日今日明
日、亦常在焉、任人遷流亡廢、
上帝萬世一然、古今後無時不在焉。
上帝之永遠、乃自然而然、非由外至、非托於物、不靠人而生、不
以人而亡、常立妥穩、時有生活也。
上帝之永遠、亦本然有像、有人必有生、設無生命、其人安在乎、如是有
上帝、必乃永立、使不永立、
上帝何成乎。

上帝之永遠必然當有不得不然若
上帝無永生如何能造天地保全萬物賞善罰惡耶是必有通
於萬古活於世世乃可如是也

○惟
上帝獨永遠則其樂永樂其壽永壽其勢永勢其德永德其榮
永榮也儘宜嘉愛最宜恭敬極宜尊稱常宜讚善也

○昔有
聖人摩西適見神位問其名曰我乃自然而然之神也可見非
言已然又不說將然乃時稱自然而然古今後一然
之

上帝也○

上帝稱已名自然而然者、非言自已獨在、而他人不在、只言

上帝以已力自在而本然常然、永然生活世人以主德而有、

上帝以已力獨在故曰自然而然也、

○萬物待造方有、未造之先、自永遠未有、萬物消盡方

無消盡之後、至永遠亦無、然而

上帝、不受造化、不見消亡盡廢、故永遠而有也○

上帝無變第六章

○且

上帝無變無化、無改無換、乃常時一然、

○人常改作、飲食增氣、則乃勇壯、缺養廢力、則乃改弱、有喜事來、則乃改喜、有苦情到、則乃改憂、凡人有身體性情者、未有不改、

上帝則不然、故能永遠不改也、

○人自幼到老、自老到死、未免改變、今日老於昨日、明日老於今日、先幾歲未生、後幾年將死、豈不常改乎、

然

上帝無老幼生死、故不改耳、○

上帝之永生、非日月所度、非世代所比、天地初開、

上帝不算爲幼、天地窮盡、

上帝不改爲老、

上帝無時興、起、無日廢亡、乃常一無變也、

○凡物之改變則可或多或寡、惟

上帝不得加其福、不得減其樂、則何能改乎、○

上帝有大不過之勢、永不休之業、故欲改之、必勝其大勢、脫其

永業、否則不得改也、○

上帝之明智、不改爲光暗、其力量不改爲大小、其福樂不改爲

高低、其聖善不改爲進退、及凡屬

上帝者、永遠不改也、○

上帝之旨意、永無變易、非今日如此如此、明日非然非然、乃常

時一樣蓋

上帝之智足以謀事而其力量足以成事故所謀者無不成就而旨意一立永不變易也古語說得好謀事在人成事在天千算萬算不如天一算誠哉斯語乎○

上帝之法度永遠一然分別好歹賞善罰惡依公道從事照仁義所行不改乎常之法不離當然之路仍舊理事總不改變也○

上帝之聖書永遠不改也昔有天啟藏

上帝詔命許誘善人嚇殺惡黨且

上帝不改則其書無易而此所述之應許所傳之嚇言永不改之

廢其一可喜其一可懼也○

上帝無不在第七章○

上帝無處不有無所不在體物而不可遺尺地而不可離純純渾渾一團太和之氣佈滿宇宙洋洋乎如在其上如在其左右上下四傍無往不在也

上帝之靈充滿天地而天地外無不之及焉行乎無形之域立乎大素之外遍遊幽墟之中出入杳冥之間大哉奇哉可無度也○

上帝無遠不及無邊不到東西南北上下左右高於鳥飛所及深於魚躍所沈遠於日光所照邃於人心所想倘天

上另加萬天在那極崇處

上帝亦到若過外另排萬地在那極遠處

上帝亦在又愈高愈遠數萬萬載

上帝亦無不赴焉

○且

上帝有在爲自然之理既有在則必有所在既有所在則或一

一所在或萬所在術

上帝有在一所則萬所無

上帝且萬所無

上帝則

上帝之所無、多於其所有、是則何能成
上帝乎、然而
上帝共在萬所、則到處皆有、且
上帝之所有、多於其所無、是則爲
上帝之驗明矣。
上帝無所不在、以功可見矣、蓋其功極大、掌握天地、坐於高天
之中、能化育萬物、若近於萬物之所、則屋漏必見秋
毫亦察可見
上帝無所不在也、此理可令惡人恐怕、暗室所爲難逃天鑒、
上帝常在省察行爲、而將刑罰照其公平、屋漏有神、念慮卽其

神、明旦有天、方才就是天暗光爲一、遠近相同因、

上帝無所不在故也、○

上帝無所不能第八章○

上帝之才能、極大全備周圍遍行、莫之能逆焉、

上帝大能超出萬有上而萬權勢在

上帝手下物之氣力皆由

上帝、且

上帝乃諸能之源也、

○他人有能比之神能、似如無物世人之能自幼漸大

老來力弱、惟

上帝之能、常然有之、人之力有限極之、不能扶千斤、齊之不能
移山倒海、惟
上帝之力、無盡無量、宇宙內無不及焉、
上帝無所不能、六合之中、無非
上帝所能爲之事、萬件之項、無非
上帝所能勝之物、演然淵大、
上帝之能也、
○在世人有多不能、在
上帝無所不能也、無所不能者大哉言也、天高而得及、海深而
能探、星多而能算、人衆而能管、事亂而能齊、窮居而

能救斯皆

上帝之所能也

〇物各有一能、鳥能飛、魚能遊、獸能走、人能語、每有所

長、乃

上帝則無所不能也、

〇最難之事、在

上帝爲易行之不須人助、成之皆無厭倦、自無生有、千變萬花

如反手之易也、

上帝之全能無可盡也、日照天下、乃盡其光、未有墮地、盡力下

降、然

上帝之力永不用盡也

○且

上帝所能者、與其所爲者有異、盖其所爲者大、然其所能者更大焉

上帝所爲者有數、然其所能者、無盡無量也、

上帝造化天地、斯其所爲也、惟

上帝得造天高地厚、斯其所能也、

上帝造成天地有六日而完工、斯其所爲也、惟

上帝得造成天地一刻而畢事、斯其所能也、故不可以

上帝所造者、而度量其所能也、

上帝能造天地更大且善千萬倍矣但其中意只造之如此、乃
　其所爲者、非其所能也、。
上帝有能行作、在其未行作之先、且有行否、只待肯不肯、
上帝自永遠、有能在已、致欲行之、其能現就也、。
上帝所欲者、無不成就也、在人不然、世人之所能不比其所欲、
上帝之所欲、不比其所能、世人皆欲行彼此、惟其不能、
上帝自能行彼此、惟其不肯、倘其肯行者、則無所不能也、
　。且行所欲者、只
上帝者能之、世上最富、人間絕高者、不能行所欲、就是君王、有
　所欲爲、而不得爲、有所欲取、而不得取因力不足故

也、要高其身、一尺不得、要長其壽一日不得乃天命
所定、而不可違也、
○至於天命豈非
上帝旨意乎、書云、富貴在天、生死有命、正乃
上帝所立之主張也、
上帝坐高位、廣視天下、定人分業、限人禍福、照其本意也、凡人
不能自專衆生不得所欲只
上帝理之、隨其
聖旨也、
○總視宇宙、則見有能在天地、能轉動日月、能照明草

木能生植火能焚化水能流下氣能布揚風能吹開雷能響聲電能發現地能搖動山能崩裂且此諸能由何而來耶或內本有或從外至倘萬物內本有此能則萬物成

上帝豈是理哉倘此諸能或自外而至則誰與之乎爾我未與之賢人未化之蓋賢人未生此能先有然則此能豈非由

上帝而出乎諸能由

上帝而出則

上帝乃全能也○

上帝大能、以造物明現、盖創造萬物、非人所能、一枝草一蕋花、最巧之工、不能成之、其樣可作、其色可畫、但活之長之使之結菓、斯則不能矣、惟
上帝無不容易、造化萬物、又造物之時、不用具器、不看形樣、不須助手、乃以己力、自無物中生造萬物、是
上帝之能、無窮盡矣○
上帝之力、不致絕無、不到厭倦、雖六日之內、造化天地、六千年久扶助萬物、其勢如初也○
上帝之全能、以明智處之、以仁義行之、不隨性情、不任私意、如我凡世人也○

上帝有全能、則其慈悲可大發、其公道可勢行、其明智可有用、
其真實可照約也、不然則斯諸德行俱空虛矣○
上帝之全能、乃永遠在焉、其憐憫或可盡、其忍耐或可止、惟其
全能常久不廢也、○
上帝無假言騙人、無為非作歹、○
上帝至聖、無不好善惡惡、其亦極公、不能賞有罪、殺無辜、其又
全知、不能忘記所往、不能不料未來、其也永真、不能
背約食言也○
聖書云、子弟乃大又大、其力其所能、無窮盡也○
耶穌云、在人間有多不能、在

上帝無所不能也○

上帝造萬物、則其全能可見矣、其自無物中創造萬物、置下地基、布開天雲、包含海水、排列天星、豈非無所不能乎、○

上帝以大能創造天地、則在

上帝無所難行也○

上帝常時庇佑萬人、扶起萬物、置日月於空中、懸天地以無索、皆顯其全能也、原造萬物、須有全能、時養萬物、亦須全能、○

上帝不造、則無物在、

上帝不養則物歸無、然造之養之、自開天及今、自今至後、
上帝之全能顯明矣○
上帝救人則其全能之証驗矣、所降世救人者乃
上帝愛子、
聖人耶穌贖罪立功、轉禍為福、若無全能極力、何能行是哉、
○
上帝既全能、則罪人當怕、惡黨該憂、蓋被
上帝責罰乃最可恐之至矣、避之無路、閃之無所、騙之難瞞、逆
之不勝、只被刑罰而已矣○
上帝既全能、則善人可喜、君子可樂、蓋得

天主之恩、乃最可愛之至矣、遇之無時忘之無日、享之不厭、樂

之不盡、常獲恩愛世世矣、

耶穌曰、勿怕世人害、彼世人只能殺人、殺而後、則無所能矣、

最怕

上帝、既能殺戮、殺而後、尤能逐落其魄入地獄、確然宜懼之也、

詔書蓋璽頒行論

抄本

太平天国癸好三年新镌

詔書蓋璽頒行論

旨准頒行詔書總目

太平軍目
太平條規
頒行詔書
頒行曆書
三字經
幼學詩
太平救世歌
建天京於金陵論
貶妖穴為罪隸論

詔書蓋璽頒行論

天朝田畝制度

天理要論

旨准頒行共貳拾壹部

詔書蓋璽頒行論

吴容寬

今夫中国之良民、皆我

天父之子女也、乃自狗韃霸佔中国、而中国之良民、多變而為妖、多助妖為虐者何也、蓋狗韃以妖語胡言、迷惑中国之男女既久、而中国之男女、又被其迷惑而不悟耳、噫嘻、

此二百年中、我中国之良民、不且投其羅網而不知、受
其脅制而不覺乎、是苟無開之使明、疏之使通者、烏乎
可、慈我
天王口為天口、言為天言、詔書頒發、天下咸知、繼自今九州
萬国、莫不知今是而昨非、悉洗心而革面、共同讚美
天父
天兄之權能、而皆真心悔罪、修好鍊正、以為
天父子女矣、且金璽書頒、妖魔路絕、而天下萬國萬代、永遠同行
上帝真道矣、於是元首明、股肱良、貢獒獻雉、航海梯珊、莫敢不来

享、莫敢不来王、

詔書蓋璽須行論　鍾湘文

天下生民、不知崇拜

天父上主皇上帝久矣、拜邪神、行邪事、讀邪書可誅也、亦可憫也、

今蒙

真主下凡、定鼎安民、天下之人、無不回心同知悔罪、此

天父之大權能也、而詔書之喚醒癡愚、拯扶宇宙、不尤彰明較著

乎、茲逢

天恩俯賜、金璽鑄成、自宜蓋璽、須行天下、使衆小皆知

天法制度常昭、羣臣共仰
天恩、忠貞益矢矣、

詔書蓋璽須行論

章名傑

伏以

王者之化、布於詔書、
王者之威、昭乎金璽、蓋所以化醒天下、與鎮定天下者為無窮也、今我
主、蒙
天父賜恩金璽、使不蓋用須行、何以俾天下化其愚濁、仰其聲威、

故一切詔書皆宜蓋璽頒之天下、使其知我主奉天命以臨民、凡天下之人、不拜邪神、不行邪事、尚何有妖魔迷懞也哉、 四

詔書蓋璽頒行論

葉春森

或愚或智、皆為待教之人、異域異方盡是胞與之地、然教之而猶有迷惑者、皆因未蓋之以金璽、故不知真書之可貴、妖魔猶得施其惡毒、今也金璽昭彰、皆堂堂而正正、則真書下逮、詢朗朗而皇皇、愚者見之而智、頑者

讀之而良生逢其盛者能不頌讚
上帝恩德哉、

詔書蓋璽頒行論　宋溶生

詔書之行於天下也久矣、軍民人等跪讀之下、孰不欽
天父之權能暨
天王之旨意也哉、然而未加金璽、則書傳天下、或致真僞難
分、詔到軍中、轉恐信疑参半、妖魔或還入計、是以萬幾
之暇、爰命臣工、凡降詔書、用蓋金璽頒行天下、庶直僞
之跡易辨、疑似之心不生、妖魔之路盡塞、非徒壯

天国之神靈見、
王章之赫濯已也、

詔書蓋璽頒行論　　黄從善

一人首出、首重修文、萬國来朝、尤須通字、泰逢
真主御世、奠定
天京、革故鼎新、莫不来王来享、斬邪留正、莫不同德同心、當此之時、固當立成簡冊、垂文字於千秋、造就編章、仰規摸於萬世、所以左史記言、右史記動、日用常行、皆為斯民法則、鋪張揚勵、轉成兆姓範圍、況乎革面洗心、日新

月異妖言不得出、真道自大行、則
天王詔書、蓋璽頒行天下也、豈不極哉、

詔書蓋璽頒行論

林一環

且詔書之詔彰、所以明
上帝之權能、化下民之邪惡、使其皆知敬
天父而驅魔鬼者也、然不頒行天下、四海傳流、何以使羣黎知教
化之如新、而
天威遠振哉、故凡一切詔書、皆須蓋
天王之璽頒海宇之中、庶幾

天父之真道、萬國皆同、妖魔之詭計、奕世難行矣、豈不懿哉、豈不
懿哉、

詔書蓋璽頒行論　徐雨叔

王音之興、莫不有訓世之書、傳国之寶、惟
真主做事、即是
天做事、其詔書即
天書、惟
天父方做得書出、其国璽即
天璽、惟

六

天父始鑄得璽成、故以詔書頒天下、即以国璽蓋詔書俾讀詔而
知
天父之教化、倍切尊崇、觀璽而見
天父之權能、愈加謹凜、不誠足彰煌煌之
天語、壯赫赫之
天威、以至妖魔永滅、終無竊發哉、
詔書蓋璽頒行論　姜大成
天生
真主命作

君王、
天父
天兄、庇佑恩長、詔書特下、億姓無忘、煌煌金璽、布告萬方、至公
至正、福享天堂、多方誥誡、懲勸異常、深思熟讀、上對
天皇、苦修克己、鍊好永康、仰體至意、紬繹不遑、
天威丕顯、咸沐榮光、蓋之金璽、民自純良、圖書既鑄、燦乎輝煌、加
朱設色、金玉其相、頒行天下、
天恩益彰、妖魔路塞、盡歸帝鄉、蒼生黎庶、共切思量、真心為善、大
吉大昌、

詔書蓋璽頒行論　　　　羅長春

天下之人心非

皇上帝不能化也、

皇上帝之權能非詔書不能知也、慨自妖魔肆毒、迷害人靈、好拜

邪神、專行邪事、罪不容誅、情非可恕、幸逢

天父大開鴻恩、遣降

真主下凡、教化一新、非斯民之大幸耶、所刊詔書、已將

天賜金璽蓋上、自宜頒行四海、庶使天下萬國之人、朝朝夕拜、頌

德歌功、不敢率人類、變妖類、逆

真神拜邪神、妖魔自此永滅也、

詔書蓋璽頒行論

周際瑲

王者體天出治、發號施令、欲使天下罔不率從者、首重
詔書、而頒行萬國、俾人人家喻戶曉、不至妖魔詐行、則尤
以蓋璽彰有德也、明有尊也、夫詔書必以蓋璽者、所以
昭
上帝之尊、亦所以絕妖魔之路、今
天王大一統之山河、以金璽蓋詔書、頒行天下、莫非仰承
天父權能恩德、令人觸目而警心也、故其所詔皆鍊正修好之詔、

八

所書皆恩憐救護之書、人能奉行、不息、革面洗心、永不
中妖魔詭計、知詔書蓋璽之大典、所關匪淺也、豈不懿
哉、

詔書蓋璽頒行論　　　　沈世祁

燈挑紫禁、聿宣
天父之鴻恩、草起黃箋、用布
上帝之大德、原使天下萬國、皆知
天父上帝之當尊也、今蒙
天父主張、

10

天兄擔當、建都金陵、改命

天京、宜揚

上帝之真道、俾識

天父之仁慈、詔傳四海、仰珠連璧合之光、書徧萬方、欽金璽綸音

之盛、暉騰碌色、彩現紅光、觀璽書之莅止、合東西南北、

盡脫凡情、扶鳩杖而来觀、統遐邇親疏、咸歸真道、妖魔

之討不行、

上帝之道永著、父兄親

太平之盛治、丁男瞻

九

天国之承平、滴歟盛矣豈不美哉、

詔書蓋璽頒行論

吴竹知

立国必以威、行遠必以信、而所以昭其威、行其信者、莫如詔書中之金璽也今者

天父特差

真主下凡、詔書之喚醒愚蒙、誠有明效、茲蒙

天賜金璽、鑄成蓋用、以昭

天威、以行

国信、從此詔書炳耀、萬方共仰聲靈、金璽頒行、萬載常昭赫

濯、妖魔有不永滅也哉、

詔書蓋璽頒行論　黄際世

跪思
上帝權能、非詔書不足昭其蘊、詔書廣布、非金璽不足顯其威、茲
蒙
天父鴻恩、命我
天王為
太平
眞主、所頒詔書、槪加金璽、從此

十

天威丕振、四方共仰其聲靈、真道大行、萬國咸欽其赫濯、使讀詔
書者、有修好鍊正之心、觀金璽者、有服教輸誠之志、於
以頒中外、垂永久、不誠絕妖魔之詭計、昭
天父之仁慈哉、

詔書蓋璽頒行論　宋希濂

天下
太平、萬國來朝、所有權能盡歸
上帝、而欲使萬國萬代、永遠不錯入鬼路者、莫善於詔書蓋璽頒
行天下、行行確典、字字輝煌、一則昭

上帝之威權、一則顯
救主之代贖、典至隆、
恩至渥也、而第區區為取信臣民計者、猶非
天王用意之深也、

詔書蓋璽頒行論　宋永保

詔書頒行、為曉諭萬國故也、今已頒行天下、則萬國曉
讀之餘、孰不知
天父
天兄之恩德難忘乎、特恐金璽未蓋、則詔降雲霄、難以喚醒下

民迷誤、現金璽既蓋、則書傳海宇、自得永欽

上帝權能也、

詔書蓋璽頒行論　　鄧輔廷

托蒙

天恩、金璽鑄、成朱篆分明、為

天朝之至寶、赤文燗爍、即

天国之徵祥、若不蓋用此章、頒行天下、何以昭信實而壯觀

瞻、況

真主詔書、言為

天父之所言行為
天父之所行、尤宜鄭重、不可褻越、詔書蓋用金璽、然後頒行萬國、
布告九州庶使金字輝煌、燦赤符而成瑞、紫紋明晰、合
王節而相孚則、
天父之權能、永傳萬代而
天兄之恩德、永敷萬方矣、

詔書蓋璽頒行論　喬彥材

書煥萬年、詔頒四海、要其所以明權示信、尤莫重於
国寶焉、夫正可制邪、而挽邪歸正者、非曉以天章之顯、

則人不知一可馭紛、而統分為一者、非攝以實器之尊、
則人不畏所欲革面者懲、革心者勸足以超萬世而使
之盡下、收羣妖而使之悉滅、端恃
太平詔書蓋璽之樞紐、故璽書一出而天下化、

詔書蓋璽頒行論　黃再興

天地之間、可通古今遠近者、真道也、憑據權能獨一者

天父上主皇上帝也、今我
主天王

天父皇上帝次子也、丁酉歲接上

天、指明
天情、親授真道、復命下凡為天下萬國
真主、拯救世人、誅滅妖魔、戊申歲三月、
天父皇上帝又開恩降凡、九月率
天兄耶穌亦降凡、此乃
天父皇上帝垂憐世人旨意也、當今真道書者三、無他、舊遺詔聖
書、新遺詔聖書、
真天命詔書也、凡一切孔孟諸子百家、妖書邪說者、盡行焚
除、皆不准買賣藏讀也、否則問罪也、今將

真命詔書一一錄明、呈獻我
主萬歲萬歲萬萬歲、
旨准頒行、但世間有書不奏
旨、不蓋璽而頒行者、定然問罪也、由此為之、邪說不能生、真
道永宣矣、

詔書蓋璽頒行論　程玉堂

夫以
一人首出、早有
上帝之成書、萬國來朝、須布

天父之遺詔、惟我
天父上主皇上帝、自下降西奈山前、大顯
神蹟以来、其一切恩德攏能播及下民者、筆固難於罄述、而
天兄耶穌又捨身救世、不惜萬金貴體、代民贖罪、是
天父
天兄之恩德、一日不敢忘、即舊遺詔書之須行、一日不可緩也、
安可秘而不宣、使天下良民仍受妖書經傳之蠱惑哉、
故
天父生我

十四

天王以御宇、必須給遺詔以化民、茲因刊刻既竣、盍鐫頒行
天下、將見家喻戶曉、知
天父
天兄之真諦、心唯口頌、感
天王真主之栽培、猗歟休哉、真道不遠、歸心者胥化方殷、真
意所存、寓目者開卷有益、是我
天朝億萬年之江山鞏固、真屬
天父
天兄之主張、而我

天朝億萬國之蒼赤化心、亦莫非

天父

天兄之感悟也、爰為之論曰、天堂之路已在月、欲上高天須醒

心、須行遺詔無他意、欲化九州萬國民、此論

詔書蓋璽頒行論　程大元

非常之事、必待非常之人、而有非常之人、自成非常之

事者理也、茲我

天王奉

上帝命、誅滅妖魔、地則異域遐方、咸遵

天令、人無下愚大智、共凜
天威、蓋真道流行、固已無遠弗届矣、但我
天父上帝大伸能手、所遺詔書、化醒愚頑、非蓋以金璽、無以使天
下萬國萬代人民、淪肌浹髓、
天父諭衆之真道、
天兄救世之深衷、無一人不知、固理所當然、有一人不知、則情
實可慮、爰將一切詔書、用蓋金璽、頒行天下、永遠常昭、

詔書蓋璽頒行論　　花悔庭

天生非常之人、必有非常之事、以任之、天有非常之事、

必有非常之寶以鎮之、如詔書蓋璽是已、詔書宣傳
天父之恩威、下悚臣民之敬拜不有璽何以昭信義不有璽何以
示尊嚴、自今以往、凡一切詔書須行天下、悉以金璽蓋
之、庶讀之者、咸戴
天恩、聞之者胥知
帝德無偏無黨、
詔降九霄、遵道遵
王書揚四海而妖魔迷纏之害、不至復萌、其為功豈淺鮮哉

詔書蓋璽須行論　陸泰來

吾思
天命既歸、詔書固當深究、蓋璽尤為先圖、從可知有蓋璽一事、一
則足以張
天威、一則足以成國體、現今
天王蒙
天父
天兄下降作主、看顧扶持、凡遇詔事、蓋璽頒行天下、萬年永用、
猗歟美哉、

詔書蓋璽頒行論　汪楨

18

夫今日者、

天父

天兄作主、

天朝

天国宏開、六合之大、萬方之衆、無不心誠悦服矣、然詔書爲已成之典、而蓋璽尤先要之圖、即此而頒行天下、固足以壯

天朝之威、亦足以絶滅妖魔之路矣、是則所不可少者、

詔書蓋璽頒行論　汪芝

十七

王者御極、必有深意、足以告天下萬世者也、
天王因天下人不知
天父生養大恩德、并不知
救主耶穌代贖大功勞、於是將舊遺詔新遺詔、及
天朝一切詔書、頒行天下、而又恐天下不知敬信永遵、遂蓋
以金璽、以昭嚴肅、庶天下從此知
天父
天兄愛世救世之苦心、以及
天王

列王、覺民拯民之至意咸趨天堂正路、不致終入邪魔、則
詔書蓋璽頒行之意深也、

附録：太平天國原版佈告和原抄佈告

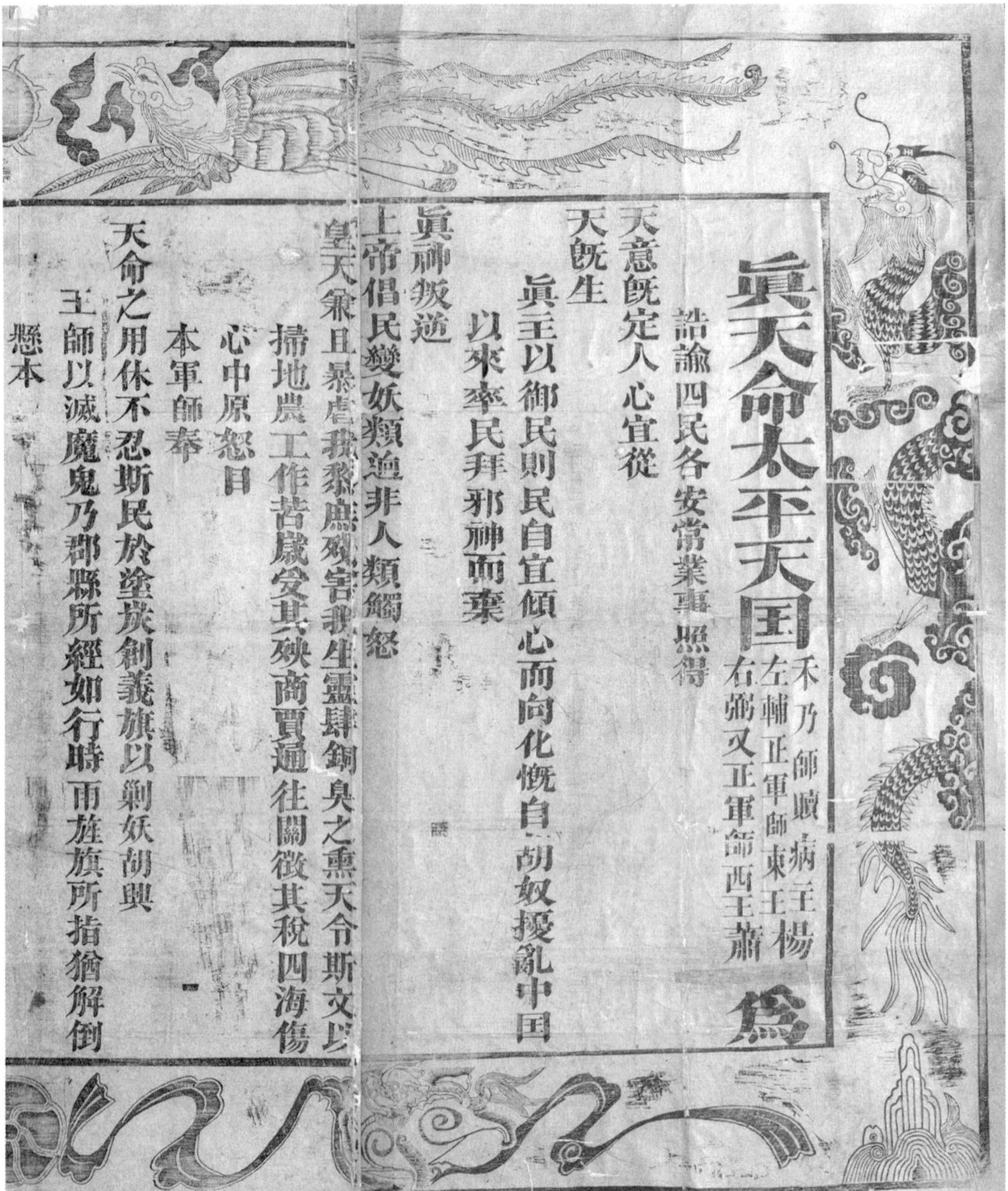

眞天命太平天国

禾乃師贖病主左輔正軍師東王楊
右弼又正軍師西王蕭 為

誥諭四民各安常業事照得

天意既定人心宜從

天既生

眞主以御民則民自宜傾心而向化慨自胡奴擾亂中国

以來率民拜邪神而棄

眞神叛逆

上帝倡民變妖類迫非人類觸怒

皇天衆且暴虐我黎庶殘害我生靈肆銅臭之熏天令斯文以

掃地農工作苦歲受其殃商賈通往關徵其稅四海傷

心中原怒目

本軍師奉

天命之用休不忍斯民於塗炭創義旗以剿妖胡與

王師以滅魔鬼乃郡縣所經如行時雨旌旗所指猶解倒

懸本

天意之昭彰証人心之響應自廣西起義以來所到之處抗
王師者前徒倒投順之戈凛
天威者聞風喪妖人之膽兹建
王業切誥蒼生速宜敬拜
上帝毀除邪神以獎
天爽以受
天福士農工商各力其業自諭之後爾等務宜安居桑梓樂守
常業　聖兵不犯秋毫羣黎毋容震慴當旅市之不驚
念其蘇之有望爲此特行誥諭安爾善良布告天下咸
曉萬方各宜凛遵毋違特諭

太平天国癸　月　日

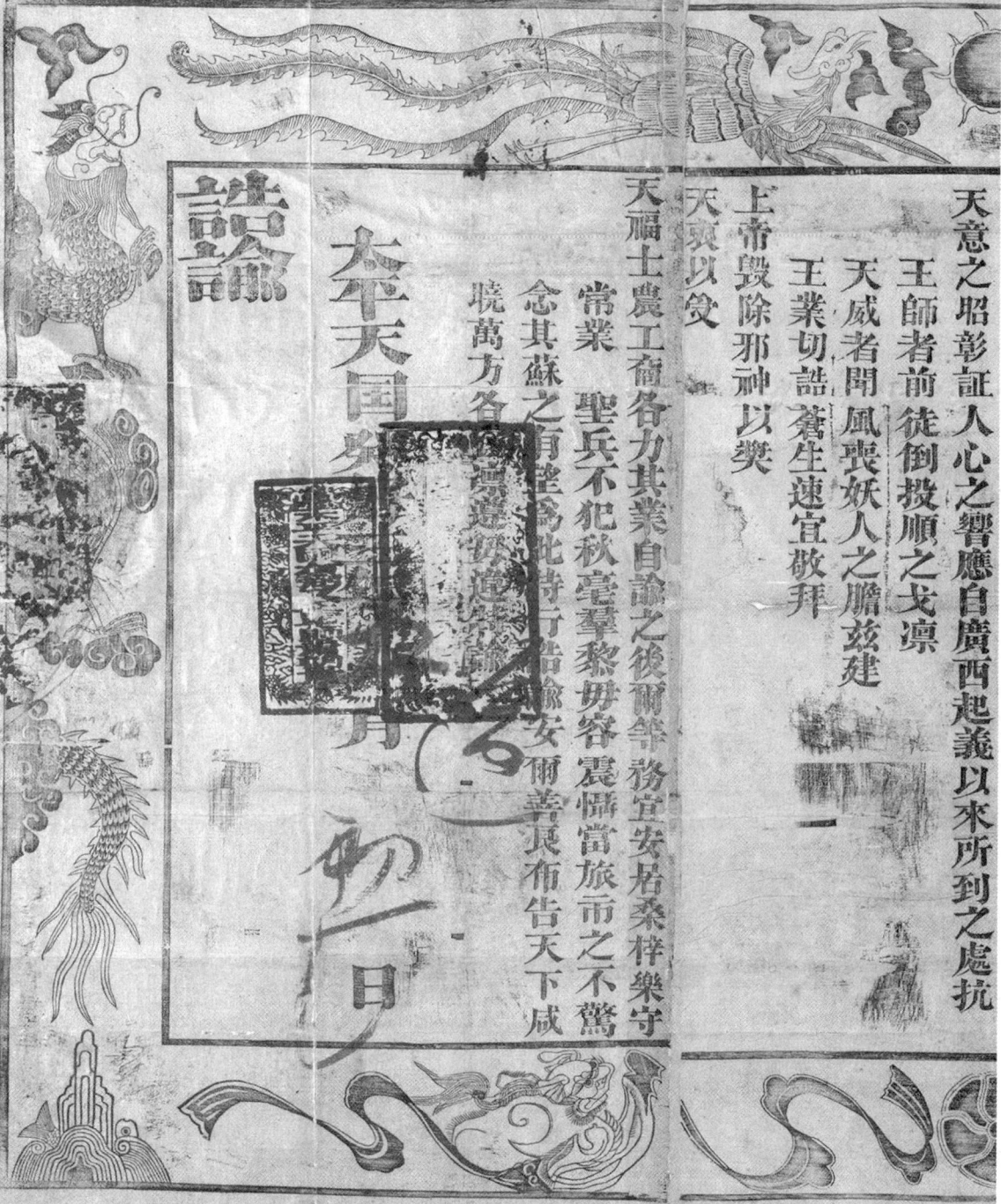

誥諭

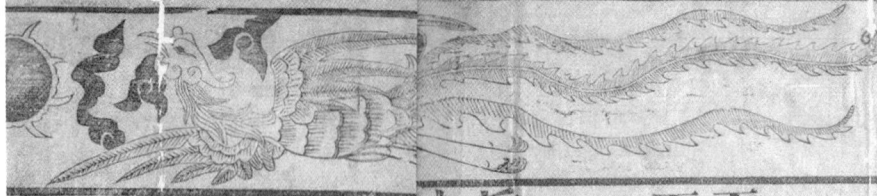

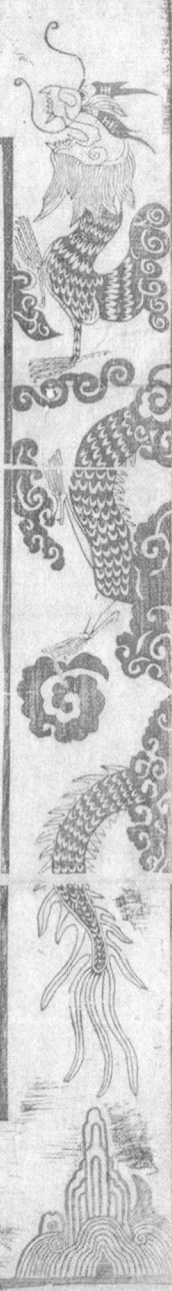

真天命太平天囯

禾乃師贖病主左輔正軍師東王楊
右弼又正軍師西王蕭
為

誥諭四民各安常業事照得

天意既定人心宜從

天旣生

眞主以御民則民自宜傾心而向化慨自胡奴擾亂中国

以來率民拜邪神而棄

眞神叛逆

上帝倡民變妖類迫非人類觸怒

皇天兼且暴虐我黎庶殘害我生靈肆銅臭之熏天令斯文以

掃地農工作苦歲受其殃商賈通往關徵其稅四海傷

心中原怒目

本軍師奉

天命之用休大念斯民於塗炭創義旗以剿妖胡興

王師以滅魔鬼乃郡縣所經如行時雨旌旗所指猶解倒

懸本

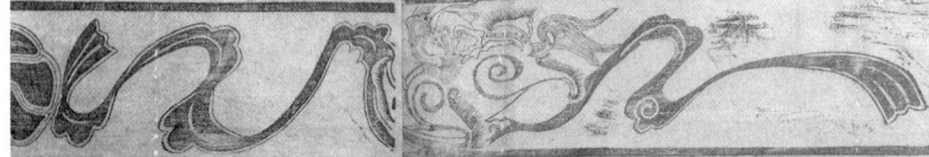

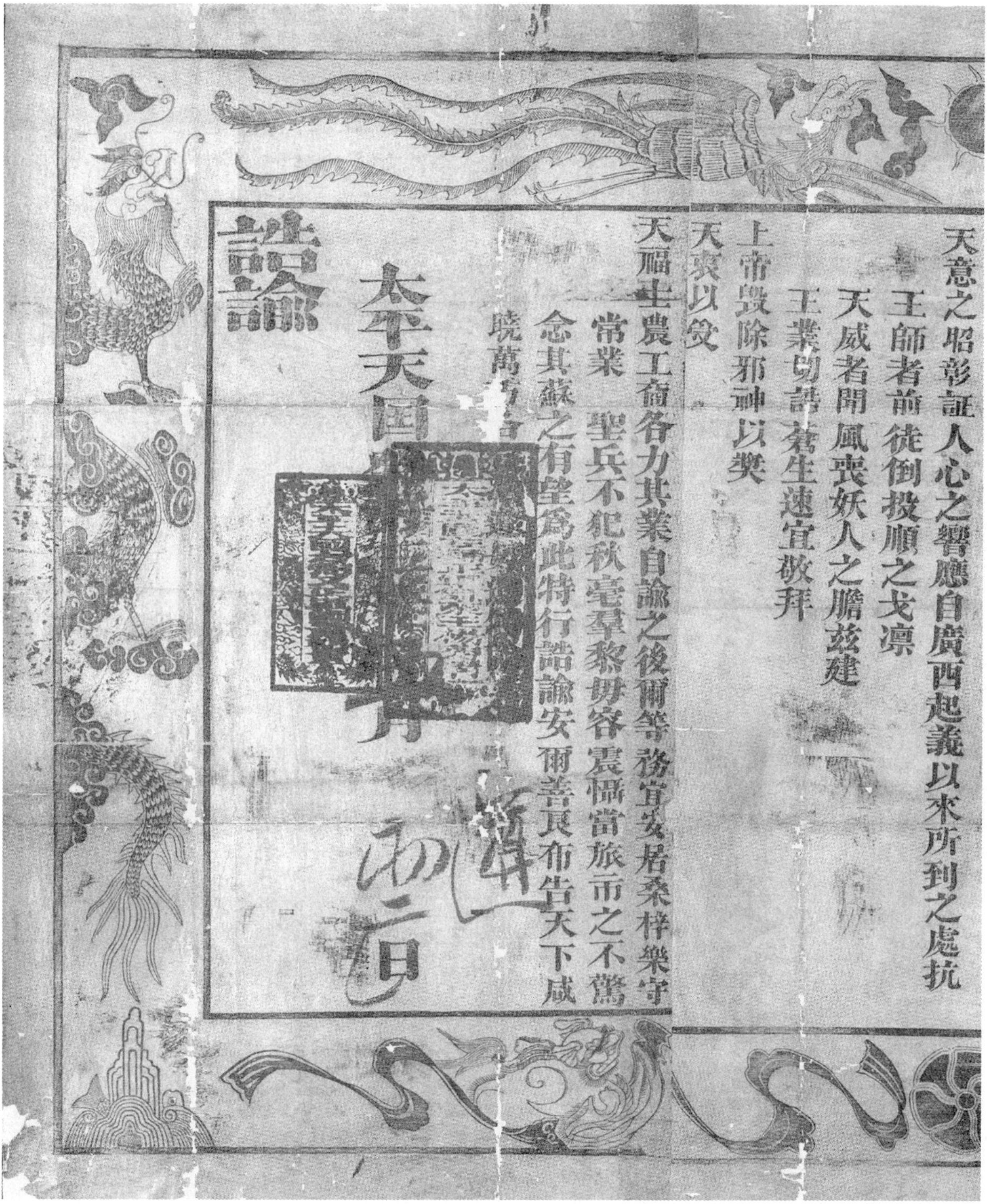

天意之昭彰証人心之響應自廣西起義以來所到之處抗
王師者前徒倒投順之戈凛
天威者閙風喪妖人之膽茲建
王業切誥蒼生速宜敬拜
上帝毀除邪神以獎
天衷以受
天福士農工商各力其業自諭之後爾等務宜安居桑梓樂守
常業　聖兵不犯秋毫羣黎毋容震懾當旅市之不驚
念其蘇之有望爲此特行誥諭安爾善良布告天下咸
曉萬方合
太平天国　年　月　日
誥諭

真天命太平天国

禾乃師贖病主左輔正軍師東王楊
右弼又正軍師西王蕭 為奉

天誅妖救世安民事據舊遺詔 聖書
天父皇上帝當初六日造成天地山海人物
皇上帝是神爺是𤰈爺無所不知無所不能無所不在天下萬
国俱有記及
皇上帝之權能淵自
皇上帝造有天地以來
皇上帝大發威怒屢矣爾世人還未知乎
皇上帝第一次大怒連降四十日四十夜大雨洪水横流矣第
二次大怒
皇上帝降凡救以色列出麥西国矣第三次大怒
皇上帝遣
救世主耶穌降生猶太国替世人贖罪受苦矣今次又大怒
丁酉歳
皇上帝遣天使接
天王昇天命誅妖復差
天王作主救人戊申歳
皇上帝恩憐世人之陷溺被妖魔之迷纏三月
上主皇上帝降凡九月
救世主耶穌降凡顯出無數權能誅盡幾多魔鬼場場大戰
妖魔何能瞞得天過且問
皇上帝何怒乃怒世人拜邪神行邪事大犯天條者也爾世人
還未醒乎生逢其日得見
上帝榮光爾世人何其大幸生遇其時得見
太平天日爾世人何其大幸好醒矣好醒矣順天者存矣
逆天者亡矣今滿妖咸豐原屬胡奴乃我中国世仇兼

之率人類變妖類拜邪神逆
真神大叛逆、
皇上帝天所不容所必誅者也嗟爾有衆不知木本水源情愿
足上首下瞞高天之大德反顔事仇受蛇魔之歪纏忘
恩背
主不思已爲中国之善士不屬天朝之良民竟輕舉其足
于亡滅之路而不知愛惜也耶況爾四民人等原是中
国人民須知天生　真主亟宜同心同力以滅妖孰料良
心盡泯而反北面于仇敵者也今各省有志者萬殊之
衆名儒學士不少英雄豪傑亦多惟願各各起義大振
旌旗綮不共戴天之仇共立勤
王之勲　本軍師有所厚望焉　本軍師體
皇上帝好生之德痌瘝在抱行仁義之師肫爽爲懷統帥將士
盡忠報国不得不徹始徹終實情諭爾等知悉也獨不
思天既生
真主而御民自必扶
天王以開国總妖魔百萬詭計千端焉能同天打鬪乎但
不教而誅問心何忍坐視不救仁者弗爲故特剴切曉
諭爾等凡民亟早回頭猛省拜
真神丢邪神復人類脱妖類庶幾常生有路得享天福倘仍執
迷不悟玉石俱焚那時噬臍悔之晚矣切切特諭

太平天国癸好三年十月廿[illegible]日

諭

真天命太平天国禾乃師贖病主左輔正軍師東王楊
右弼又正軍師西王蕭為

誥諭四民各安常業事照得
天意既定人心宜從
天既生 真主以御民則民自宜傾心而向化慨自胡奴擾亂中
国以來率民拜邪神而棄
真神叛逆
上帝倡民變妖類迺非人類觸怒
皇天兼且暴虐我黎庶殘害我生靈肆銅臭之熏天令斯文以掃

地農工作苦歲受其殃商賈通往關徵其稅四海傷心中
原怒目　李軍師奉
天命之用休不忍斯民于塗炭創義旗以剿妖胡與王師以滅魔
鬼乃郡縣所經如行時雨旌旗所指猶解倒懸本
天意之昭彰証人心之響應自廣西起義以來所到之處抗王師
者前徒倒投順之戈凜
天威者聞風喪妖人之胆兹建
王業切諭蒼生速宜敬拜
上帝除毀邪神以獎

天衷以受
天福士農工商各力其業自諭之後尓等務宜安居桑梓樂守常
業　聖兵不犯秋毫群黎毋容震懾當旅市之不驚念其
蘇之有望為此特行誥諭安尓善良布告天下咸曉萬方
各宜凜遵毋違特諭

太平天国癸好三年　月　日

誥諭

二

真天命太平天囯 勸慰師聖神風禾乃師 贖病主左輔正軍師東王 楊 為

誥諭朝内軍中大小官員兄弟姊妹人等知悉照得本月十九日

恭奉

天王詔旨朝晚拜 爺拜在心心先拜敬道理深心拜更真身拜

假各鍊真々貴如金真心頂天心脫邪時遵

天法莫些差果然時刻心常對便是時刻心拜爺衆弟妹醒遵欽

此欽遵為此恭録特行誥諭自諭之後尔等各宜體謹遵

詔旨朝夕敬拜

上帝各天誠心頂天脫邪遵
天法時刻記念心拜
上帝修煉如金同歸真道無負我主天王諄諄教導之至意也各
宜凜遵切切誥諭

太平天国甲寅四年三月二十七日

誥諭

真天命太平天国勸慰師聖神風禾乃師贖病主左輔正軍師東王楊　為

誥諭城廂內外兄弟姊妹知悉照得　本軍師恭承
天命輔佐
真主掃清宇宙于去春曾統百萬雄師直搗建業城破之日
本軍師號令森嚴約束兵士祇准誅戮妖魔之官兵不許妄
殺良民一人此時兵士謹遵天令尔城廂內外兄弟姊妹保
全性命者不下數十萬是　本軍師上體
天父好生之心我

主海底之量行此仁義之師以斬邪留正也迨其後仰承
天意分為男行女行以杜淫亂之漸不過暫時分離將来罪隸誅
鋤仍然完聚在尔民人以為蕩我家資離我骨肉財物為之
一空妻孥忽然盡散嗟怨之聲至今未息尔等不知往古来
今更換朝代凡屬興師問罪者當城破之日無不斬殺殆盡
玉石俱焚血流成渠不留雞犬有似我
天朝不妄殺一人猶給與衣食視同一體者乎尔等若是不信或
問諸看遍史册之人或訪諸白髮父老伊等自有見聞尔心
中自然豁釋今恐尔等未悉此情為此特行誥諭自諭之後

尒等須要一心認寔

天父

天兄生養之恩纔能保得性命性命既在享福自然有時也想

之考諸往古大亂之時纔知我

天朝之仁厚從不屠戮無辜留得此生未盡之軀

天堂之恩榮自然加給有日各宜醒醒悟慎勿執迷咸使聞知毋違

誥諭

太平天國甲寅年四月　　月

誥諭

真天命太平天囯勸慰師聖神風禾乃師贖病主左輔正軍師東王楊為

誥諭朝内軍中大小官員兄弟姊妹人等知悉照得酒之為物最易乱人性情一經沉酣遂致改變本来面目乘興滋為

故我

天父皇上帝最為深惡降有

聖旨不准飲酒是以前者我主天王仰體 天心特降 詔旨諭

令朝内軍中人等一概不准飲酒 本軍師久經誥諭嚴禁

在案乃現在仍

天誡之人沉湎于酒醉後日無尊長致生事端殊屬違玩業將
該飲酒之犯奏明　天王當奉　詔旨念該犯係屬初犯免
死重究嚴禁以後如再有飲酒者定即斬首不留且聞得朝
内軍中嗜酒滋事者甚屬不少此等行為殊甚痛恨爲此再
四詔諭朝内軍中國宗國親貴親侯相大小各官員兄弟姊
妹人等知悉自諭之後仍還有私自飲酒者許該統下國使
將使聽使人等拏解送案奏封丞相如該統下人等畏怯不
舉一經別人拿獲定將該國使官使人等共同治罪總之
天法至公無論至親爵位有犯必究爾等自當互相規勸毋得消

滴沾唇尚敢仍蹈前轍一經有人拿獲送案除將吃酒人犯

遵

旨斬首示衆外並將獲犯之人奏封恩賞丞相以奬其功如知

情不舉亦一体治罪決不寬貸尒等慎勿乘片時之興以致

身首異處也亟宜凛遵毋違誥諭

太平天国甲寅四年五月　　日

誥諭

二

真天命太平天国雷師後護又副軍師北王韋　為

誠諭招延良醫事照得前蒙　東王仰体

天父好生之德屢經誥諭招訪良醫查此處地當孔道為良醫聚集之所類如大小方脉内外專科眼科婦科以及專理小兒急慢驚風等症可以立奏奇效者必不乏人乃迄今並未見有醫士應而召来為此不惜重賞再行誠諭凡有精通醫理能治各項病者即宜應命前来又眼科為　天朝所尤重抑或專精眼科者均即到該鎮守将佐衙門報名以便送至

天京錄用果能醫治見效即賞給丞相如不願為官即賞銀
一萬両並使其回家安享以奬其藝決不食言斷不使之失
所尔等慎勿裹足不前空負濟人之術也各宜咸知毋違誡
諭

太平天国甲寅四年四月初七日

誡諭

真忠報國頂天侯秦　及侯相等官恭頌

天父　天兄親命我主降凡救世、暨　東王列王輔佐朝綱、其奉命降生、　恭本乎　天象、　天父　天兄、主宰乎上、我主　天王、及列王承命宰治於下、恭維我主　天王、是日光之照臨、萬方普察、我　東王列王、是風雲雨雷電光之敷布化洽群生、前時凡我臣民、皆未曉頌讚以報　鴻恩、茲奉我主特降　詔旨、前上高天之時、親承　帝命荷蒙　天父明示我主　天王、及我列王、皆係天父派定、上應　天象、凡屬萬國人民、均宜讚頌以報　天恩、不

禁豁然醒悟、故特遵　旨敬撰讚美章句、鐫刻頒行、俾天下萬國
臣民、同聲頌讚、以垂諸不朽云耳、

讚美上帝為天聖父是亞爺獨一真神
讚美天兄為救世主是聖主舍命代人
讚美東王為聖神風是聖靈贖病救人
讚美西王為雨師是高天貴人
讚美南王為雲師是高天正人
讚美北王為雷師是高天仁人
讚美翼王為電師是高天義人

真道豈與世道相同能救人靈享福無窮智者踴躍接之
為福愚者省悟天堂路通天父鴻恩廣大無邉不惜太子
遣降凡間捐命代 贖吾儕罪孽人知悔改以得昇天